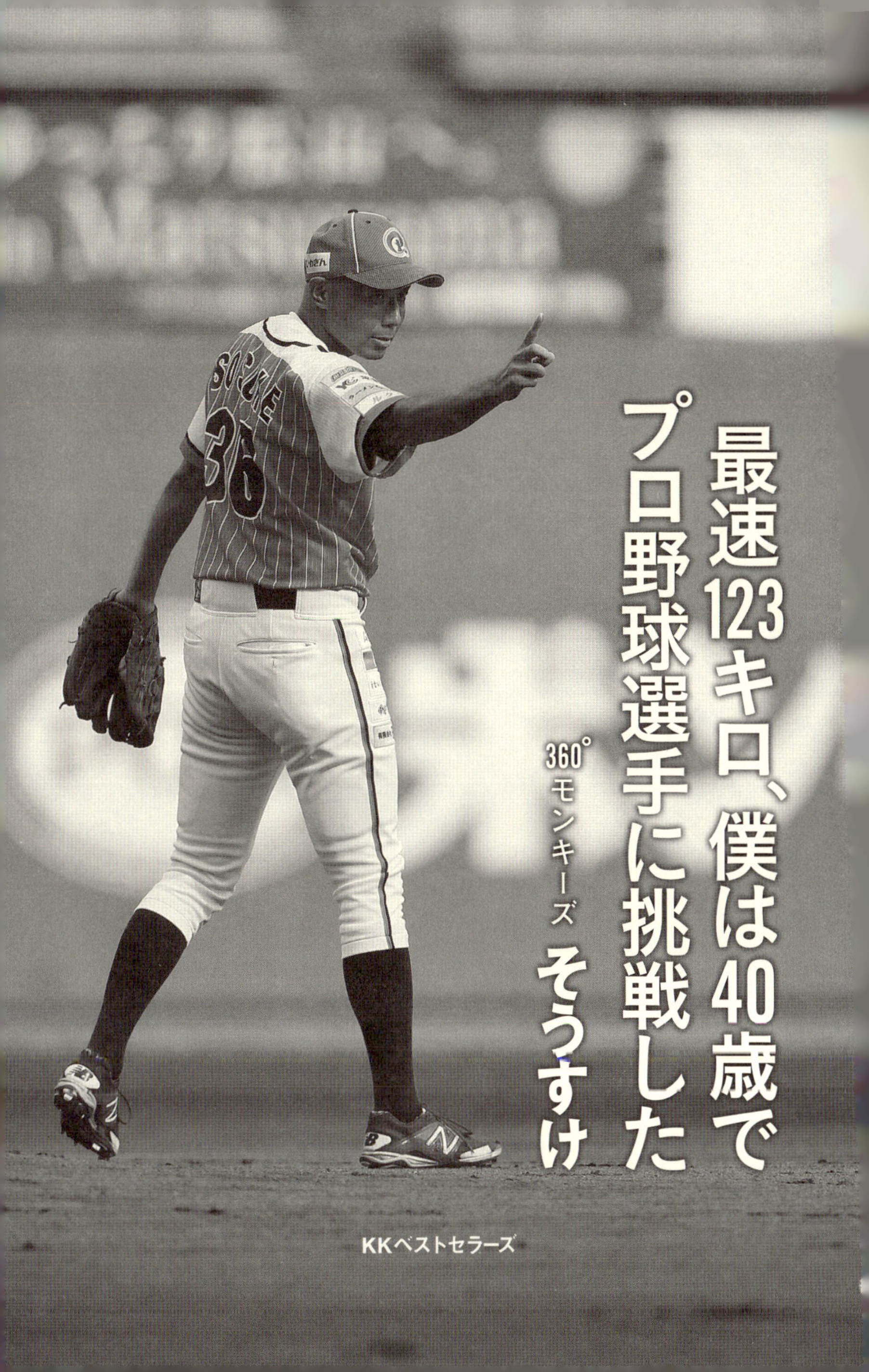

最速123キロ、僕は40歳でプロ野球選手に挑戦した

360°モンキーズ　そうすけ

KKベストセラーズ

最速123キロ、僕は40歳でプロ野球選手に挑戦した——目次

目次

プロローグ 6
第1章 プロ入り3日間 14
第2章 トライアウト 20
第3章 プロ入り4日目以降 58
第4章 開幕 78

第5章　大きな課題　94
第6章　初先発と優勝　126
第7章　証言　176
第8章　挑戦の意味　196
エピローグ　202
対談・正田樹　204

※データ及び年月日は、文章が記された時点を「現在」として書かれています。

プロローグ

お盆過ぎ。

僕は芸人として呼ばれた野球イベントをこなした後、スタッフや共演者の方たちと楽しく食事をとっていた。会もなかばにさしかかったくらいだったと思う。その中にいた友人のひとりが僕のとなりにやってきてこう言った。

「そうすけさん、独立リーグにもトライアウトがあるの知ってます？」

みんながわいわい盛り上がっている中だったから僕たちの会話を気に留める人はいなかった。僕自身もそんなに興味があったわけではなく、当たり障りのないリアクションをした。

「独立リーグ？　野球の？」

「そうそう、そうです。全国にいろいろありますけど、四国にある四国アイランドリーグという独立リーグは実戦形式のテストをやっていて、一週間くらいずっと試合をするらしいですよ。（一般的なトライアウトのように）1日で判断されるわけじゃないから、40歳を目前にプロ野球選手になるチャンスですよ」

顔は笑っていたけど冗談とも本気ともつかない口ぶりだった。

友人とは草野球をする仲でもあり、僕が野球となると、笑いを忘れて真剣になってしまうことを知っているから、完全にふざけていたわけではなかったと思う。きっとちょっとおもしろいかな、くらいの気持ちだったんだろう。

瞬間的に相反する思いが頭の中をよぎったことを覚えている。

ひとつは、「まあ、あり得ないよな」ということ。

もうひとつは、「あ、ＮＰＢ（日本野球機構。いわゆるプロ野球）以外にもプロ野球があるんだ。昔より、プロへの入り口は広がってるんだ」という発見に近い感覚。

でもそれも一瞬のことで、大真面目に考えていたわけではなかった。なんとなく会話を続け、それほど盛り上がることもない。

まあ、いつもと変わらない飲み会の、他愛もない話だったわけだ。

8月だから甲子園が一番盛り上がっている時期だった。関東第一高校のオコエ瑠偉、仙台育英高校の平沢大河、東海大相模高校の小笠原慎之介……注目の選手が連日躍動している。

テレビをつければ真剣に白球を追いかける球児の姿があった。元高校球児ということもあってついつい動向が気になってしまう甲子園。いつもなら、「自分は出ることができなかった」というちょっとした劣等感があったり、純粋にいいプレーに感動したりしていたのだが、今年は少し違った。

僕が高校球児だった頃から20年以上が経っているのに、ひとつのプレーにこれまで以上に熱くなる自分がいた。

――独立リーグだってプロ野球選手だ。

あの発見が影響をしていたのかもしれない。

「やっぱり野球がやりたいのかな？」

そんな思いが胸の内から、ふつふつと湧いてきた。

偶然というのは重なるものだな、と思うのだけど、そんなとき学生時代の卒業アルバムを見る機会があった。

小学校のアルバムには、将来の夢は『プロ野球選手』と書いてあった。

高校時代のアルバムには『3年前にこの高校に入学したときは、プロ野球選手が夢だったが、今ではお笑い芸能人が夢になった。ガンバル。』とあった。

「そっか、そうだった」と思い出す。

名門高校の過酷な練習と、マウンドに上がれなかった現実が、僕に「プロ野球選手」の夢を諦めさせたんだ、と。僕は帝京高校という高校野球の超名門で野球をしていて、ひとつ上の世代は甲子園で優勝を果たしていた。ピッチャーとして甲子園のマウンドを目指していたけれど、スピードしか取り柄がない僕は、結局ベンチ入りすらできなかった。

もちろん、これは当時の僕の言い訳に過ぎないし、その後に選んだお笑い芸人になりたいという夢が半端な気持ちだったわけではない。

ただ、確かに〝夢を諦めた瞬間〟があったことを思い出したのだ。

「トライアウト、受けてみようかな……」

友人の何気ない一言が、現実の選択肢のひとつになった瞬間だった。

ただ、そこからはずいぶんと考えた。

プロ野球選手になりたいという気持ちと、現実にある壁。年齢のこと、コンビのこと、お金のこと、何より芸人としてまだ全然売れていない……。

そもそも解決しなければいけない問題がある。

まず、トライアウトを受けるために一週間東京を離れなければいけない。休みを取らなきゃいけないから芸人としてコンビを組む相方、やまうっちゃんや、所属事務所に迷惑がかかる。トライアウトは香川県の高松で行われる予定だったから、ちょっと帰ってきてまた戻る、ということができる距離ではない。

あとは、受験料に20万円近くかかること（実際は19万8000円）。トライアウトリーグは1週間、バスで球場を転々としながら、ホテル住まいをし、受験生たちがともに過ごす。昼食代なども含めた費用が20万だった。恥ずかしい話だけど、僕にとって20万円はものすごく高かった。それ以外に東京から高松に行く交通費もかかる。受けたあとは、相当生活を切り詰めないと暮らしていけない……。そんな額だった。

受かる受からない、というレベルじゃない。その前の段階で、僕には考えなければいけないこと、解決しなければならない問題が山積している。

決断ができないまま時間は流れていった。9月に入り、受けるのであればさすがに本格的にトレーニングをやらなければ間に合わない、という焦りが生まれ始めた。

9月のなかば。トライアウトリーグの話を持ちかけてくれた友人に電話をした。

「前に言っていたトライアウト、受けてみようと思う」

友人は、ただ驚いていた。


はじめまして、360。モンキーズのそうすけです。

コンビ名、読めますかね？　「サブロクモンキーズ」と読みます。360。モンキーズは結成20年目を迎えるお笑いコンビで、相方は「やまうっちゃん」こと山内崇。高校からの同級生で今年、42歳を迎える年になりました（僕は早生まれで41歳ですが）。

そして僕ことそうすけは去年まで、「プロ野球選手」として活動させてもらっていました。四国にある独立リーグ、四国アイランドリーグの愛媛マンダリンパイレーツというチームと契約をさせていただいていたのです。

この本は、そんな僕のプロ野球選手としての挑戦記です。

まさか受かるとは思わなかったトライアウト。

40歳という年齢。

足りない実力。

試合に出られない日々。

まず練習がきつかった……。
登板しても最速は１２３キロでした。
相方に迷惑をかけた。
でも僕は挑戦をしてとても良かったと思っています。
それはなぜか。この本で感じとってもらえればうれしいです。

杉浦双亮
3年前にこの高校に入学した時は、プロ野球選手が夢だったが、今ではお笑い芸能人が夢になった。ガンバル。

SOSUKE
36

第1章 ― プロ入り3日間

8畳一間の住処。

ちょっとサイズが合わないカーテンから朝の日差しがこぼれ、眼を覚ませといわんばかりに、顔に降り注いでくる。片目を開けて、携帯電話を見るともう7時過ぎだった。

「起きなきゃ……」

眠気が残る中ふとんを抜け出す。全身に痛みが走った。「うっ」思わず声が出る。

バッキバキ。

その言葉がぴったりだった。

のろのろと歩きながら洗面台に向かう。一番張っていたのは太ももだった。そこから背中、肩にかけてまるで石でも乗っているような重みを感じる。

それはたった数歩で着くはずの洗面台に行くのすら億劫になるほどだ。

「やっぱりを歳を取ったんだな……」

ようやく辿り着いた洗面台。鏡に映る自分の姿を見て、そう思わざるを得なかった。

冷蔵庫から卵を取り出し、炊いておいたご飯にかける。ペットボトルのお茶とともに、ゆっくりと朝食を食べた。と言っても、この卵かけご飯と納豆だけの朝食だ。

ガランとした部屋を見渡しながら、心細さが募っていく。今日も始まってしまった。

果たしてこんな体で乗り切れるのだろうか。

まだ投げ込みすらできていないのに、こんな状態でどうするんだ……。

４日前、始めてこの部屋に足を踏み入れたときは、まだ期待もあった。これから始まる日々に自分自身、興奮もした。40歳にして「プロ野球選手」になれる。絶対無理だ、と諦めた夢が20年以上の時を経てかなうなんて、こんなに素晴らしいことはない。緊張もあったけれど、やっぱりうれしさがまさっていた。４日前までは……。

※

「何をやってんだ？　初日に遅れるってどういうことや」

監督の怒鳴り声に身が縮む。

まさかこの歳になって、大勢の前で怒られるなんて想像もしていなかった。

キャンプインに向けた合同合宿初日のこと。朝に松山空港に到着し、数日前に運んでおいた野球道具を取りに、偶然愛媛に住んでいた姉夫婦の家に寄って、義兄が用意してくれた車で急いでグラウンドに向かっていた。前日まで芸人の仕事で福島県にいたため、当日入りになってしまった僕は今回だけ特別に車を手配してもらっていた。

慣れない道を運転しながら時計を見た。

大丈夫、このままなら間に合う。

そんなとき、ふっと頭によぎるものがあった。

あれ、アップシューズ持ってきたっけ……。

嫌な予感がする。慌てたらいけない、そう思って車を路肩に寄せて止める。カバンの中に手を入れた。右から左、左から右。手を思いっきりまさぐってみたけど、それらしきものに触れる感覚はない。思いきってジッパーを全開にし、中をのぞく。

やっぱりない。

絶望的な気持ちが押し寄せてきた。

初めてチームのみんなと顔を合わせるその日。大事な日だ。そんな日に、アップシューズを忘れた……。

僕は急いで携帯電話を取り出してスポーツショップを検索した。一番近いスポーツショップの住所は……ない。ようやく車で十数分の所に『イオン』を見つけ靴売り場に駆け込んだ。なんとかアップシューズを購入したものの、グラウンドに着いたときには練習開始から一時間近くが経っていた。そして待っていた、監督の怒号。

チーム始動の日ということもあって、地元のテレビカメラなどメディアも来ていた。40歳の男が怒鳴り散らされる姿なんて、なかなかお目にかかれない光景だっただろう。

あの日から僕は、「夢への期待」よりもっと大きな感情――不安と戦うことになった。


怒られたことだけが理由ではない。

練習をしてみると、チームメイトとは圧倒的な体力の差があった。初日の練習、まずアップに一時間もかけることにびっくりした。

「プロは違うな……」

年齢にハンデがあるにもかかわらず、僕は芸人の仕事の関係もあり、ろくに体を動かすことができていない。

『走りメニュー』以外はみんなと同じトレーニングを行ったのだけれど、途中から足腰がガクガクしていた。初日からブルペンに入るピッチャーがいる中で、練習3日目を過ぎてもブルペンに入れていないのは怪我の選手以外、僕だけだった。

加えて、チームメイトとの距離感は精神的に僕を追い込んでいた。話し掛けてくる選手はほとんどおらず、僕のほうから歩み寄って声を掛けても、親子ほども離れたチームメイトの急な出現に、みんなどんなリアクションをすればいいのか分からないようで、反応はイマイチだった。会話がなければ顔も名前も覚えることができない。

「やっぱり相手にしてくれないのかな……」

合流2日目には、練習後に新入団選手の入団会見があり、僕を含めた15名の選手が球団事務所で会見をしたのだけれど、ここぞとばかりに披露した一発ギャグは不完全燃焼に終わった。会見は全体的に堅い雰囲気だったし、愛媛マンダリンパイレーツの弓岡敬二郎監督が阪急出身ということもあって、前日怒られた挽回とばかりに『ピッチピチのユニフォームを着させられ、バッティングも窮屈になってしまった元阪急のブーマー』という渾身のネタを披露したのだけれど、「ややウケ」だったのだ。

遅刻をし、体力も伴わず、選手との距離があって、おまけにギャグも不発……。

こんな状態で本当にやっていけるのか。
たった3日で、僕の不安は極限まで膨れ上がっていた。
※
ふと時計を見ると、時間は9時を過ぎようとしていた。

そろそろ出ないと10時からの練習に間に合わない。卵かけご飯を流し込み、体中の痛みを堪えて家を出た。東京から持って来た、中型のスクーターにまたがり、僕はグラウンドへと向かった。

第2章 ― トライアウト

淡々と淡々と。

キャッチャーのサインを見て自信を持ってストレートを投げ込む。空振り三振――これで今シーズン3勝目。優勝は目前だった。

春に開幕し、毎週試合をする「芸人リーグ」。軟式ボールで行われる、いわゆる「草野球」リーグで、僕は鮫島パークスというチームでプレーしていた。芸人仲間である『サンドウィッチマン』の伊達（みきお）ちゃんが作ったチームだ。

8チームが参加するこの芸人リーグで、その鮫島パークスは連覇をかけて戦っていた。僕はエースとして、6年連続でリーグ最多勝。帝京高校という甲子園常連校で、補欠ではあったけれど、3年間を耐えてきた自負があった。だから楽しむ中にも、真剣であることを何よりも大事にしてきた。

いつだったか知り合いに言われたことがある。

「そうすけさんは、芸人さんなのに、野球の試合が始まると全然おもしろくないよね(笑)」

僕にとって草野球はとても大事なものだった。

芸人として、もっともっと飛躍しなければいけない。人生の目標はそこにあったし、シビアな芸能界という世界で生き残るために必死で身を削る中、野球をすることはひとつの心の拠り所だった。

そんな野球を、仕事にしてみたいと思ったのは去年の2015年8月のことだ。正確に言えば、プロ野球選手になりたい、という気持ちが「再燃」したのがこの頃。そして2カ月半後には、独立リーグのひとつ、四国アイランドリーグのトライアウトリーグを受けに、香川県・高松行きの飛行機に乗っていた。

この挑戦を決断した理由を説明するのは簡単ではない。

「夢」に挑戦する、ということに対する感情の高ぶりが大きかったことは確かだ。いや、大部分を占めていた、と言える。でもそれだけではなかった。

ひとつは生き方の問題だった。一度生きると書いて「一生」。だからこそ僕は、「動いてみよう」と決心した。

芸人人生を振り返ってみたとき、何かやりたい、何かを成し遂げたいとずっと思いながら、それを口で言うだけで、結局行動に移さなかった自分がいたことに思い当たるようになっていた。これまでは一歩を踏み出すことをしなかった後悔がある。一回きりの人生なんだから、今回は動くべきなんじゃないか。

そもそも客観的にみても受かる可能性が高いとは思えない。合否は二の次。まず、動いて挑戦をしてみて、その先にどんな自分がいるのか知りたい。そう思ったのだ。

理由のもうひとつは、コンビの未来を考えたからだった。

このときコンビを組んで19年の月日が経っていた。高校時代の同級生だから一緒にいた時間は25年になる。関係としては、友だち以上家族未満、みたいな感じだ。

その中で僕たちの芸人としてのポジションと言えば……まだまだ未熟ですごく重要な時期にさしかかっているという思いがあった。

フジテレビの『とんねるずのみなさんのおかげでした』という人気番組のコーナーのひとつ「博士と助手~細かすぎて伝わらないモノマネ選手権」がすごい人気で、マニアックモノマネブームともいえるような時期があった。好運にもそこに出演させてもらっていた僕たちは、世の中の人たちに少しは認知してもらえるようになっていた。でもそれもこのときで12年前、２００４年のことだった。なかなか芽が出ない、売れない。僕たちはそういう存在だった。

結成20年目を目前にして、現状を打破し、これから芸能界でどう生き残っていくのか。僕たち３６０。モンキーズに何ができるのか。どんな技術を磨いていくべきなのか。

真剣に考え、明確にしていかなければいけないタイミングだった。

トライアウト受けるくらいで何を悩んでいるんだと思う人もいるかもしれない。でも、この頃の僕は、コンビの未来について「どうしていくべきか」、今までで一番頭を悩ませている時期だった。

夢を追うことで、自分の力で、何かを変えたい。トライアウトリーグを受ける背中を押したのは、そんな危機感にも似た思いだった。


２０１５年11月４日。トライアウトリーグに出発する日。

朝7時の羽田空港は、平日ということもあり、ビジネスマンふうの人たちがあわただしく行きかう程度だった。

受けると決めてからの僕はただワクワクしていた。40歳目前、芸人としてもまだまだ未熟。それでも、プロ野球選手になりたい、という気持ちが抑えきれなくなっていた。

一週間のトライアウトリーグを受けると決めただけだ。当然のことだけど、この時点で一年間野球をすると決まったわけではない。でも、うれしかった。決めるまでずいぶんと悩んだぶん、決めてからは挑戦できるという喜びが何にも勝っていたといえる。

一週間の荷物をまとめるとけっこうな量になる。大きなリュックを背負い、両手に鞄やら袋やらを持って、僕の夢への挑戦は始まった。

ちなみに今回僕が参加することに決めたトライアウトはほかの独立リーグのトライアウトとやり方がずいぶん違う。四国アイランドリーグをふくめほかの独立リーグが、体力測定を中心としたテストを1日で行い、その合格者が実践的なテストを行う2次に進む（これも1日）、という方法を取っているのに対し、四国アイランドリーグはそれとは別に、「トライアウトリーグ」と称して、一週間トライアウトを受ける選手が一緒に過ごし、毎日試合をするという実戦形式のテストを行っているのだ。体力や費用は大変だけど、1日で判断されないぶん、チャンスは多い。

ひとりで搭乗手続きをすませ、荷物検査を行い、飛行機へ乗り込んだ。すると……。飛行機に乗るまでの高揚感が嘘のように、不安が押し寄せてきた。

どんな人がいるんだろう。

受けにくる人の年齢はどのくらいだろう。

39歳、大丈夫か、オレ。

外国人選手が受ける可能性もあるって聞いたぞ……。

ふだん外国人選手のモノマネをさせてもらっているのにおかしな話だけど、このときは外国人選手たちと野球をすることを想像するだけで、本当に不安がどんどんと膨らんでいった。

考えてみれば分からないことだらけだった。挑戦を決めてから体を動かすことばかり考えていたけれど、現実として、この時点での僕が今回のトライアウトについて知っていることといえば、日程と体力測定と実践形式のテストがある、たったそれだけだった。

体力測定って何をするんだろう。

実戦形式ってことはチーム分けがあるのか。

どうやってチームが決まるんだろう……。

高度が上がるにつれ、僕の緊張も高まっていく。朝早かったのに、一睡もできず高松空港に到着した。

そこからバスに乗って集合場所に指定された高松駅へと向かった。ひとりでいる時間が長ければ長いほど心配事は増える。早く人に会いたい、誰かと話をしたい……。

高松駅に着き、集合場所を探してうろうろしていると、野球道具を持った3、4人の集団が目に入った。近付いていくと、スタッフらしき人がこちらに気付いた。

「杉浦さんですね？」

声を掛けてくれた。

「はい、よろしくお願いします」

少しホッとした。

ここからバスで宿泊するオークラホテル高松まで移動し、まず説明会をするのだという。すでにほかのメンバーはバスへ乗り込んでいた。およそ5分の距離。10人くらい乗っていただろうか、誰ひとり口を開く人はおらず、妙な緊張感が漂う車内は再び僕の緊張感を高めていた。考えてみれば、全員ライバルだ。

説明会の会場となる会議室に入ると、その緊張感はマックスに達する。ざっと30人くらいはいた。

「なんだ、こんなにいるのか！　しかもみんな若いし、めちゃくちゃ上手そうだ……」

圧倒されそうになり、僕は迷わず一番前の席に座る。ライバルたちを視界に入れたくなかったのだ。

スーツを着たスタッフの人が壇上に上がると、会議室の雰囲気はより張り詰めたものになる。スタッフの人が口を開いた。

「今日はこのあと、受験者の方には着替えていただき球場に移動して、体力測定を行います。本日はそこで終了です。明日からは、チームに分かれて合計6試合を毎日行います。チームは明日、発表します。では、みなさん自己紹介をお願いします」

一人ずつ自己紹介が始まった。

「香川オリーブガイナーズの伊東です。よろしくお願いします」

最初から会議室にいたメンバーはトライアウトリーグを手伝ってくれる現役選手たちだった。そこではじめて、受験者はバスに乗った10人であることを知った。

淡々と自己紹介が行われ、マイクをとおし「２２８番」という声が会議室に響き渡る。僕に割り当てられた番号だった。後ろを振り返り、初めて顔を見る面々に向かって僕は声を張った。

「どうも！　お笑い芸人をやっている３６０。モンキーズの杉浦双亮です！」

シーンとしていた。

正直、僕自身この自己紹介の場でどういう話し方をすればいいのか迷っていた。野球を真剣にやりに来ている。その一方で、芸人として見られてもいるだろう。少しは場の雰囲気が和むような話にしたほうがいいのだろうか……。これは一種の職業病なのかもしれない。人前に出れば、ついそう思ってしまうのだ。

でも、第一声の反応で分かった。

やっぱりここは真剣勝負の場だ。

「歳は39です、みなさんより10以上、下手をすると20近く年上かもしれませんが、真剣にやらせていただきますので、よろしくお願いします」

偽らざる気持ちだった。この瞬間に自分の気持ちがより引き締まったと思う。

そして、あまり歓迎されていない、という空気もしっかりと感じ取った。不安はますます大きくなったけれど、やるしかない。

自己紹介は続いていた。

「18歳、英明高校出身、湊です」

「24歳、茨城ゴールデンゴールズでプレーしていました丸山です」

はるばる遠方から来ている選手もいる。

沖縄から来ている25歳の阿波根《あはごん》さんだった。

「一番年齢が近い選手が25歳か」

苦笑いが出る。でもそれはもともと分かっていたことだ。説明会を終え、持って来たユニフォームに着替えると、体力テストを行う球場へとバスへ乗り込んだ。手伝ってくれる現役選手は各自で移動をするようだった。

相変わらず沈黙に包まれたバスの中で、僕はもう一度、やるしかないぞ、と自分に言い聞かせた。


瀬戸内海を右手に見ながら直進し、静かなバスは20分ほど走って香川県総合運動公園に到着した。生島湾岸にあるこの総合運動公園はラグビー場やテニスコート、そしてレグザムスタジアム（県営野球場）などが併設されている。体力測定を行うのは第2野球場だ。両翼92メートル、外野は天然の芝生で内野は土という、地方によくある球場。海が近く自然に囲まれたその場所は、空が高く見え気持ちがいいはずなのに、僕の気分は冴えなかった。

今回のトライアウトリーグは、高松で行われていることもあり、香川オリーブガイナーズの監督、スタッフ、選手を中心に、そのほか各チームから強化指定選手として派遣された現役選手の補助のもと進められる。明日からは10名の受験者がバラバラに分かれて、現役選手と混合チームを作り、毎日試合をすることになる。全員知らない人たちとする野球はどんなものか。不安を抱えている中、グラウンドに出た瞬間、クスクスと笑い声が聞こえたのだった。それだけではなく、「ヴェーヴェー」という、僕が芸人としてネタを披露するときに言うフレーズが聞こえた。そこに、大きな声。

「おー、すごい歳の人がきたぞ！　おじさん、頑張ってやー」

声の主は、僕より年上の、どうやら監督らしき人。

「冷やかされてるのか。やっぱり、受け入れられていないのか……」

理由が全く思い浮かばなかった。

朝の羽田空港でのワクワク感はもうどこにもなかった。考える間もなくアップが始まる。ペースが速く長いジョギング、5列での動体操――動きながらストレッチをする体操のこと――、ショートダッシュそしてようやくキャッチボール。ものすごい早いインターバルで、けれどしっかりと時間を使って行うアップに、11月とは思えない量の汗をかいてい

た。思わず、

「きっついなあ」

声が漏れた。

「次、50Ｍ走ね」

指示の声が飛ぶ。トライアウト本番だというのに、この時点で僕は「こなす」ことで精いっぱいになっていた。

ピッ。

笛が鳴る。

とにかくがむしゃらに走った。

「６秒９！」

ストップウォッチを持ったスタッフの声が聞こえた。

「挑戦したければもう一回、走っていいぞ」

無理だった。残すは遠投と握力と背筋測定……。

他の選手が二度目に挑戦する中、ひとり肩で息をしていた。

「次、遠投」

助走をつけて思い切り投げた。85メートル。

握力測定は右手が50・5kg、左手が45・5kg。背筋が196kg。

ようやく終わった……。

「こんなんで持つのか、オレ……」

バスに乗ってホテルに戻ると言いようのない不安が襲ってきた。


初日が終わり、食事を取ろうとロビーへ行くと、トライアウトを受けている丸山くんと岩城くんがいた。

誰が誘ったわけでもないけれど、同じテーブルを囲む。打ち解けるほど話が進んだわけではない。けれど、「プロになりたい」という熱い夢を持ち、バイトをしながら受験料の20万円を貯めた、就いていた仕事を辞めて受けに来た、という彼らと一緒に野球ができることが、幸せなことに思えた。

「しんどいとか言っている場合じゃないな、ここに夢を抱いて来ていることは同じなんだ」

不安が、少しだけど和らぐ感じがした。

そしてようやく冷静になれた。よく考えてみたら、冷やかされているのかもしれない、という不安はアップのきつさですっかり忘れていた。そしてちゃんと振り返ってみれば、「おじさん頑張ってやー」という言葉も、場を和ませるために言ってくれたことだと気付いた。声の主は、香川オリーブガイナーズの監督、西田真二さんだった。西田さんはＰＬ学園から法政大学、そして広島カープにドラフト1位で入団し、13年もの間ＮＰＢの第一線で活躍した人だ。そんな西田さんに気付かないのだから、よっぽど平常心ではなかったのだろう。

アップがきつくて、目の前に全力を尽くすことしかできなかったことも幸いしたと思った。周囲の目を気にする必要――というか、余裕がなくて自分が芸人であることなんてすっかり忘れていたし、「体力的に一回しかチャンスがない」と思っていたことで目の前の一本に集中することができたからだ。

受験者の中の順位でみれば、50Ｍ走が真ん中より下あたり、遠投が上位クラス、握力は下位クラスそして背筋は上位クラス。20歳近くも離れるライバルたちと戦うにしては、悪くない結果だったと思えた。何が幸いするか分からないものだ。

唯一の心配は体力だった。アップが、この練習が続くとなると、明日からの6連戦を乗りきることができるかどうか……そんなことを考えているうちに、眠りについていた。

※

「いきなり笑って話し掛けて来るから、めちゃくちゃびっくりしましたよ」

徳島インディゴソックスに所属する中島くんが言った。登板がなく、少し体力に余裕があった3日目の夜、僕はトライアウトを手伝ってくれる現役選手、徳島インディゴソックスの中島くん、相澤くん、石川くんと食事に出かけていた。

確かに、考えてみれば笑える場面じゃなかった。

それはトライアウト2日目。

前日の体力測定を終えて、この日から最終日までふたつのチームに分かれて6試合を行うことになっている。僕はBチームに振り分けられた。その初戦、僕は7回のマウンドに立ち、いきなりノーアウト満塁という絶体絶命の状況を迎えていた。登板するかしないかは、試合前に自分で名乗り出る志願制。僕は1イニングを投げさせてほしいと伝え、3番手としてマウンドに上がっていたのだけど、そこでいきなりエラー、ヒット、ヒット。

スパイクの紐を結び直そうとタイムを要求すると、キャッチャーの中島くんがマウンドまで慌てた様子でやってきた。声を掛けようとしてくれたそのとき、僕は言った。

「いやいや、いきなり試練がきたねー」

中島くんが「笑っていてびっくりした」と言ったのはこのときのことだ。笑っているつもりはなかった。でも、あのとき、楽しくて仕方がなかったことだけは確かだった。前日あれだけ不安だったのに、ひとたび試合に入ると「野球っていいものだなあ」なんて、本当に感傷的になるくらい気分が盛り上がっていた。いや、アップはきつかった、それは変わらなかったけれど、それ以上にこの場所にいれることがうれしかったのだ。

目の前に、プロとしてプレーする一流の選手たちがいる。

その中で、試合をしている。

そんな選手をバックにマウンドに立っている。

野球が楽しくて楽しくて仕方がなかった。ピンチだけど、楽しい。だから笑っているように見えたのかもしれない。こんなことを高校時代に言っていたら、前田（三大）監督（帝京高校）に怒鳴られるだろう、ふとそんなことを思った。

ちなみにこのあと僕は、ノーアウト満塁のピンチを無失点に抑えることができた。次のバッターは僕のカーブを完璧に捉え、セカンド頭上へ火の出るようなライナーを打つ。セカンドが飛んだ。ドンピシャのタイミングでのジャンピングキャッチ。思わず大きな声で「ナイスプレー!!」と叫んでいた。この超ファインプレーでダブルプレーとなり、一瞬にしてツーアウト1、3塁。結局、次のバッターをショートゴロに打ち取り、1回を無失点という結果が僕に舞い込んできた。

あのときの僕はビッグプレーを目の当たりにし、ますますテンションが上がっていた。

「でも、正直に言うと……」

一緒に食事をしていたもうひとり、徳島インディゴソックスの相澤くんが言いにくそうに口を開いた。

「杉浦さんがトライアウトに参加すると聞いて、ちょっと嫌でした。僕たちは真剣に野球をやっているけれど、きっとマスコミの人とかをたくさん連れて、遊び感覚で来るんだろうと思っていたから。それなら来てほしくないとすら思いました」

それまでの雰囲気とはちょっと違う、真剣な表情だった。

「でも、杉浦さんがトライアウトを受けている姿を見て、何より野球をしている姿を見て、『あ、本気で受けに来ているんだ』って確信しました」

他のふたりもうなずいた。

食事会を終え、3人と別れてホテルの部屋に戻ると、言われた言葉を思い出す。

現役選手やトライアウト受験者たちの気持ちに考えが及ばなかったことを申し訳なく思った。実際、僕はただ「プロ野球選手になりたい」「自分を変えたい、３６０。モンキーズを変えたい」と思ってここに来ていただけだった。ふざけるつもりは毛頭なかった。

携帯電話を取り出して、メモ機能を呼び出す。トライアウトリーグを受けると決めてから、その日にあったことをこうやってメモするようにしていた。この挑戦で知る、その瞬間、瞬間の感情を残しておきたいと思ったし、それがいつか役に立つことがあるかもしれない、と思ったからだ。

『11月6日。3日目
この日は完全に休養日。
朝起きたら、身体に少し張りを感じる。
若い時は感じられなかった張りだ！
ベンチでの声出しで試合を客観的に観るのもまた勉強！
この日の夜に、現役選手と食事に出掛ける。
そこで、色んな話をした。

こんな事も言ってた。

「杉浦さんが参加すると聞いて、正直嫌でした！なぜならこっちは、真剣に野球をやってるのに遊び感覚で参加しに来るんだと思い、それなら来て欲しくないと。でも杉浦さんのトライアウトに、そして野球に対する姿勢を見て、本気なんだと確信し安心しました！」

そう思われても仕方ない！』


打ち込んで、その意味をもう一度よく考えてみた。

「正直嫌でした」と言った選手の気持ちがようやく、本当の意味で分かるような気がした。テレビや新聞といったメディアがたくさんきて、記念受験のような雰囲気になるんじゃないか。覚悟もなく、芸人として受けに来られてはたまったものじゃない……そう思えば、真剣に夢を追いかけながらやっている選手、何よりトライアウト受験者たちにとっていい気はしないだろう。

そう思ってつい苦笑いが出た。

「メディア、どこも来ていないし（笑）」

残念なことに僕はそれほど売れている芸人ではないから、僕目当てのメディアは来ていなかったし、「話題作りで受けたんじゃないか」とも言った人も確かにいたけど、そんな気持ちもなかった。

野球が好きだ。プロになりたい。

ここに来て、一層その思いが強くなっていた。

それにしても高松に来て苦笑いをすることが多い。

トライアウトは４日目を迎えていた。体はパンパンだ。疲れも取れないし、体中が悲鳴を上げている。

ミーティングが始まり、香川オリーブガイナーズの投手コーチで、ヤクルトスワローズでプレーをした経験もある伊藤秀範さんが言った。

「今日、投げたい人はいるか？」

僕が手を挙げると、

「じゃあ、先発行ってみますか」

突如として、先発マウンドが決まった。

ここまで一回を無失点という記録が残っているものの、ファインプレーに助けられた形だったし、何より2日目、3日目と試合を観てきて、レベルの高さにちょっと臆していた。特に昨日、ベンチから見た光景はその思いに拍車をかけていた。

登板がなかった昨日の試合、僕はファーストコーチャーを買って出ていた。そしてグラウンドから見た対戦相手、Aチームのピッチャーのボールに衝撃を受ける。

「すっげえ、速い！　変化球すっげえ曲がる！」

けれど、試合に入ってもっとびっくりした。まず、そのピッチャーの球速が140キロ前後だったこと。平均すると130キロ後半といったところだと思う。

「これだけ近くで見て、ものすごい速さに感じるのに140キロ出るか出ないかくらいなのか……140キロってそんなに高い壁なのか！」

レベルの高さに戸惑っていると、目の前でもっと信じられないことが起きた。そのピッチャーが、初回で大量失点を喫するのだ。7点だったか8点だったか……。覚えているのは、打つわ、打つわで止まらない打線のことのみ。唖然として、そして一気に不安が押し寄せてきた。

「オレより全然速い球で、ものすごいキレのあるカーブとスライダーを投げているのに抑えられないなんて、大丈夫か、オレ！」

ファーストコーチャーは、バッターが出塁するとそのバッターが肘や足首につけている「プロテクター」を受け取るのだけど、次々と渡されるプロテクターを手にしながら、野球の恐ろしさを肌で感じていた。

「打たれる原因はなんだろう……」

目の前で繰り広げられた異次元の世界に圧倒されていた。

アップをしながら、そのことを思い出し、あれだけのピッチャーが打ち込まれたのは何が原因だったのか、１２０キロそこそこしか投げられない自分にできるピッチングとは何かを考え続けた。

「とにかくテンポよく投げよう」

辿り着いたのはシンプルな答えだった。昨日の試合、一球一球の間が長くて守備のリズムができていないんじゃないかと感じるシーンがいくつかあったことを思い出したのだ。

実際、打たれ出すと止まらないときというのは、打ち取ったと思った当たりが、ちょうど野手のいないところに飛んで、抜けたり、ポテンヒットになったりする。

「よし、テンポよく、テンポよくだ」

自分に言い聞かせてブルペンに向かった。

投球練習を始めると伊藤コーチが声を掛けてきた。

「もっと変化球を覚えたほうがいいんじゃないですか？」

伊藤コーチは33歳。僕よりずっと年下だから敬語だった。

「えっ？」

試合前の思いもよらない言葉にあっけに取られていると、伊藤さんは気にするそぶりもなく続けた。

「カットボールとか、どうですか？」

このときの僕の球種は、ストレート、ツーシーム、シュート、カーブそれにチェンジアップ。スライダーも投げられなくはなかったけれど、この3日でトライアウトのレベルの高さを実感し、試合で通用する球ではないと感じていた。カットボールはスライダーより曲がりは小さいけれど、スピードがあり、小さな変化でバットの芯を外すことができる。伊藤さんもスライダーは無理だと感じていて、それに代わるものとして提案してくれたのかもしれない。

僕はそこで初めてカットボールの握りと投げ方を教えてもらった。試合直前のことで、正直言えば戸惑いながら、使えるかどうか半信半疑でマウンドに上がった。

「やれることをやろう。テンポよく」

自分に言い聞かせた。

初回。ツーアウトを簡単に取ったものの、フォアボールを出してしまい四番バッターを迎える。

「でかい……」

バッターは、赤松幸輔選手。今年（２０１５年）のドラフトでオリックスバファローズから育成指名を受け、来年の２０１６年シーズンからのプロ入りが決まっている。身長１８８センチ、体重１１３キロ。見るからに四番、という右打ちの強打の選手だ。

テンポよく、腕を振れ！

信じて投げ込んだのはストレートだった。その一球は、打ち返されたもののライトフライ。初回を無失点で乗り切った。

トライアウト初失点を喫したのは次の回だった。

先頭バッターは現役選手。三遊間に飛んだ打球は一塁に間に合わず、ノーアウト１塁。

そのあとふたりを打ち取り、ツーアウト三塁で打席には、トライアウト受験者の阿波根くんが立った。彼は、高校時代、硬式野球部がなく好きな野球ができなかった。アルバイトで生計を立てる生活を繰り返していたが、その自分を変えたい、という思いから今回のトライアウトリーグに参加しているという。その思いは一塁への全力疾走やヘッドスライディングに表れていた。

気持ちは似ていた。でもどんな理由があれ、負けるわけにはいかなかった。トライアウト受験者に打たれれば、それだけ合格の確率が下がる。プロへ、夢へ遠ざかる。

追い込んでから投げ込んだツーシーム。イメージ通りの球がキャッチャーミットへと向かっていく。その瞬間。

阿波根くんが放った打球は無常にもレフト前へ弾んだ。タイムリーヒット。

悔しさに思わず、天を仰ぎそうになったが堪えた。チームメイトに声を掛けた。

「ツーアウト！」

なんとかそのあとのバッターを抑えると、ここでお役御免。失点には悔いが残った。一方で、覚えたてのカットボールで内野ゴロを量産できていた。

「やっぱり、プロのアドバイスってすごいな」

手応えを感じることができた日でもあった。

試合後の体は限界だった。

ロッカールームに戻り、アイシングをし終えた肘をさする。熱を持った感じがあって、パンパンに張っている。野球人生で肩が張ることはあったけど、肘が張るのは初めてのことだった。

「大丈夫ですか。良かったらこれ、使ってください」

突然話し掛けられ、何かを差し出された。湿布。しかもプロ選手が使うようなちょっと高級なものだ。ビックリして顔を上げると、トライアウトリーグのAチーム（相手チーム）のメンバーである現役独立リーガー、伴和馬投手だった。ユニフォームから伴投手は、愛媛マンダリンパイレーツに所属していることは分かったけれど、そんなに会話を交わしたわけでもない——実は初日にキャッチボールをしたのが伴投手だったのだけど僕は緊張のせいで覚えていなかった。

「え、いいの？」

「いいですよ。僕のまだありますから」

こんなおじさんピッチャーのことを気遣ってくれる。すごくありがたかった。

トライアウトリーグは、トライアウト受験者と現役の選手が入り混じって行われている。人数の問題もあるのだろうけど、それはとてもいいことだと思う。現役選手のレベルを肌で体感することでリーグ全体のレベルを知ることができるし、何より同じ夢を持った人たちとコミュニケーションを取ることができる。1日のトライアウトではできないことだ。

明日からは体力と気持ちの勝負だな――湿布を手にし、素晴らしい選手たちと、二度とないであろう体験ができている日々に喜びをかみしめながら、その瞬間を有意義なものにするためにも、「頼むから、体よもってくれ」、そう願わずにはいられない。

「5日目の明日は登板をやめておこう。6日目、7日目に最後の勝負をかけよう」

その日は少し早めに布団に入った。

5日目。僕は最終回のマウンドに立っていた。不思議な感覚とともに。

登板するつもりのなかったこの日、ハプニングは朝に起きていた。

「知り合いが来ているなら、投げましょうよ」

僕の知り合いが、東京からはるばる駆けつけてくれていると知った伊藤コーチが気を使ってくれたのだ。実は、肘がパンパンで、言われた瞬間「やばい……」と思った。そして、

「いや、実は友人は前日から来ていて、昨日の先発も見てくれているんで……」と喉まで出かかっていたのに、実際に出てきた言葉は「よろしくお願いします」だった。

コーチがわざわざ僕に気を使ってくれているのがうれしかったし、何より合格できてプロになったときは、10連戦以上を行うこともザラにあるという。ここで投げないわけにはいかない。

決まった役割は最後の回を締めくくるストッパーだった。

肩を回してみた。

「やっべー……めちゃくちゃ重いよ……」

どっと不安が押し寄せてきた。そもそも「ストッパー」の調整の仕方が分からない。見よう見まねで、試合終盤にブルペンで投球練習をした。それもすぐに後悔することになる。もう、全然いい球が投げられないのだ。

「絶対に、やばい」

運命の9回。チームは勝っていた。

マウンドに上がる――すると、だ。

「あれっ？」

肩の重さも、疲労も全然感じない……。

不思議な感覚だった。緊張感がそうさせるのか、アドレナリンが出ているのか分からないけれど、とにかく数分前の自分とはまったく違う自分がそこにいた。

ヒットを1本許したもののツーアウトを取り、迎えたバッターは前日にタイムリーヒットを打たれたライバル――阿波根くんだった。ツーストライクに追い込んでから、渾身のカーブで空振りの三振。リベンジを果たせた。

「ストッパー、気持ちいい……。それに、全然体が痛くない。不思議だ」

人生でたぶん初めてのセーブを記録し、ついついテンションも上がった。その晩、東京の友人に電話をした。

「前日先発して、翌日にストッパーだよ。それで抑えられたんだよー。（2013年の日本シリーズで力投をした）マー君（田中将大）みたいだよ」

気分が高ぶってそんなことを漏らすとぴしゃりと言われた。

「マー君は、前日160球を投げて完投しているんだよ。2回投げただけとは違うでしょ」

分かってるよ！

そういえば、香川に来てからというもの、東京の人たちと連絡を取ることがほとんどなかった。野球が楽しかったのか、余裕がなかったのか。

そんな中で、今日感じたマウンドでの不思議な感覚は、改めて野球の魅力が引き出すものだと思った。

ただし、試合後の体の痛みはやっぱり半端じゃなかった。トレーナーさんにアイシングをしてもらい、ホテルに戻ると持参したアイシング道具でもう一度肩を冷やした。友人との電話中、ずっと肘をさすっていた。

残り、2日だ。

6日目、11月9日。1日を終えてホテルに戻ると、携帯電話のメモ機能を呼び出し、その日にあったことを打ち込み始めた。

『朝から肩の張りがかなりあり、今日の登板を自主回避。

アップとストレッチで今日は終了！

泣いても笑っても明日が最終戦！

身体は限界に近いが、明日は集大成として最高のパフォーマンスを魅せたいと思う！

39歳の身体。なんとかあと1日もってくれ!』


時間は夜の12時近くになろうとしていた。

あと1日しかないのか……体が限界を迎える一方で寂しさを覚えていた。そして数時間前のみんなの笑顔を思い出して、その思いは一層強くなっていく。

受験者も、現役選手も敵・味方関係なく集まることができないか。登板を回避した試合の後、僕は思い切って「みんなでご飯に行かない?」と声を掛けて回った。

今日という日までの6日間。人生の中でみればたったの6日かもしれないけど、僕にとってはかけがえのない時間になっていた。グラウンドで夢をともにした人たちと白球を追う瞬間が積み重なって、知らず知らずのうちに濃密な関係が築けるようになっていた。

この数日、トライアウト受験者、現役の選手と一緒にいれば、自然と、

「丸山さんは受かるかもしれないよね」

とか、

「湊くんはあのチームにいけそうじゃない?」

なんて話が出てくるようになっていた。

ライバルであり、同志でもある。負けず嫌いな僕は、自分の名前も出てこないかなあ、なんて思いながら「うんうん」と相づちを打っていた。

現実として出てきた僕の評価は、「杉浦さんはけん制がうまいですよね」と「成績、相当良くないですか？」ということだけだったけれど。

結局、夜の食事会には20人近い人が集まってくれた。みんな野球が大好きな人たちばかりだった。最終日を迎えるのが本当に寂しくなって打ち込んだ『なんとかあと1日もってくれ！』の言葉だった。

泣いても笑っても最後の1日。11月10日。

バスに揺られ、着いたグラウンドはコカ・コーラボトリングスタジアム丸亀球場。今年（2015年）の2月に竣工されたばかりのきれいな球場だ。

グラウンドに出ると、最終日ということで、各チームの監督やコーチ、球団首脳陣がズラリと集まっていた。これまでとは全く違う雰囲気だ。

このメンバーでやる最後の野球だ——その現実が強い決意を僕の心の中に生んでいた。

「今日は何がなんでも絶対に投げる」

体は悔しいくらいボロボロだった。それまでの6日間、怪我をしたら元も子もないと思っていたから、自分の体と相談して投げられるのか、投げられないのかを判断していた。でも、今日だけは違った。

投げなきゃ後悔する。

アップの前のミーティングで投げることを志願し、中盤の1イニングが与えられた。思うように動かない体を動かし、キャッチボールをしていた。そのとき。

愛媛マンダリンパイレーツのグランドコートを着た人が近寄ってきて言った。

「どう？　連投とかいけそう？」

これから始まる試合と、体への不安でいっぱいいっぱいになっていた僕は、唐突に投げかけられた質問に戸惑った。

「え……」

そして「ああ、質問されたんだ」と思って、正直に告白をした。

「いや情けないんですけど、もう体がパンパンです。必死にやってなんとかここまでやってきている感じです」

連投はきついだろうなと感じていた。

その人は真顔で答えた。

「実際のリーグ戦では10連戦だってあるんだから強い気持ちを持たなきゃ。プロでやるんだったら、投げれますって言うくらいの気概は見せないと」

はっとした。

「そうだ、ここはトライアウトの場だ。真剣勝負の場なんだ。みんな必死にやっている。オレは体の心配半分、楽しい半分できていたけれど、もっとアピールしなきゃだめだ」

もちろん、野球を楽しむこと自体は悪いことではなかったと思う。でも、体の心配があったり、みんなと夢を共有できたりと、良くも悪くも自分の中でどこかアピールの場であることを二の次にしている部分があった。

突然話し掛けてきたその人は、愛媛マンダリンパイレーツの投手コーチ、加藤博人さんだった。よし、アピールをしよう。

加藤コーチの一言は僕に思いがけない勇気も与えてくれた。

「あれ？　もしかしたら少しは注目してもらえているのかもしれないぞ」

成績は悪くなかった。そこには自負があった。一方で若い選手と比べれば、球速や体力といった部分には大きな差があるとも感じていた。受かるか受からないか、といえば願望で受かったらいいな、としか言えないレベル。

「見てもらっていた」ことはそんな僕に少し、希望をくれた。

ついに最終戦が始まった。


ここまで僕らが所属するBチームは4勝1敗。結果が出ていたこともあってチームの雰囲気は良かったし、僕もいつも以上に声を出した。

回が進み、登板の準備をするためブルペンへ向かった。体も肩も重い中でどんなピッチングができるのか不安ばかりだったけれど、腹は決まっていた。

「あとは気持ちだ」

キャッチャーに向かってボールを投げる。一昨日と同じ感覚があった。

「痛みを感じない」

ブルペンでの球数を少なめにし、マウンドに向かった。

最初のバッターは、初戦にも対戦した赤松幸輔選手。

渾身のカットボールを投げ込む。ショートゴロ。ワンアウト。

次のバッター、ショートゴロ。ツーアウト。

3人目のバッターにレフト線へツーベースヒットを打たれる。ツーアウト2塁。

4人目。またショートゴロ。

僕の最終登板。トライアウト最後の登板は1回を投げて被安打1、無失点。トライアウトを通じて最高球速である119キロも出た。チームも勝利を収め、所属するBチームは5勝1敗でトライアウトを終えた。

とたんに痛くなり始めた肘をさすり、気持ちで投げたこのマウンドを忘れまいと思った。


不安から始まったトライアウトは、終わってみれば充実感に満ち溢れていた。

そして、この時点で新たに決断をした。

「もし今回受からなかったら、来年一年間、体を作り直してもう一度受けたい。それでダメだったら諦めよう」

実は後悔があった。それは、もっとしっかりと準備をして臨みたかったというものだ。受験を決めたタイミングが遅かったこともあって、トライアウト前に硬式球を使って練習ができたのは数えるほどだった。

だからこそ、今回ダメだったら一年間しっかり準備をして、もう一度受けよう。トライアウト受験者たち、現役選手たちに技術は劣っても、気持ちと準備の部分は負けない状態にして、夢へのケリをつけよう。そう決めた。

最終成績は、投球回数5回、被安打6、四死球1、奪三振2、失点1、自責点1、防御率1・80。

成績だけを見れば、かなり上のほうだった。ただ技術、パワー、体力すべてにおいて劣ってる。

「受かったらいいな、難しいかもしれないけれど……」

最後にみんながあつまって「終了証」を受け取る。トライアウトリーグをずっと見てくれた伊藤コーチが全員の寸評をしてくれた。

「チームのために率先して声を出したり、コーチャーをしてくれたりと、野球に対する姿勢が素晴らしい。そういうところはみんなも見習うべきところがあると思う」

僕をそう評してくれた。野球がただ楽しくてやっていたことなのだけれど、それをポジティブに見てくれていた人がいるということは、すごくありがたかった。

やるだけのことはやった。

若い人にまじって真剣に野球ができる、すばらしいトライアウトリーグだった。

その日の夜、僕は高松空港から一週間ぶりの東京へと帰った。

合格発表は、明日15時。

芸人の仕事をしていた休憩中のことだ。合格発表のサイトを見ようと携帯電話を取り出すと、画面がメッセージ通知でいっぱいになっていた。

「合格おめでとう！　すごい！」

そんなメッセージに、僕はトライアウトに合格したことを知った。

半信半疑で四国アイランドリーグのホームページを見ると、合格者に僕の名前があった。

杉浦双亮（39）。

飛び上がるほどびっくりして、うれしかった。

第3章　プロ4日目以降

愛媛銀行総合グラウンド、通称ひめぎんグラウンドは、愛媛銀行の専用グラウンドで、愛媛マンダリンパイレーツに無料で開放してくれている。ただし、高校野球や草野球など、有料での貸し出しがあるときは使えない。つまり、好意で借りている状態だ。

ＮＰＢのチームであれば優先的にグラウンドが使えて、練習場所が今日はあそこ、明日は別、というようなことはないだろう。でも、独立リーグは違う。グラウンドを探すのだって一苦労で、こうした地元の企業のサポートがなければ成り立たない。

想像していたとはいえ、現実を目の当たりにするとびっくりした。野球をする場所の確保さえ簡単ではなく、球団のスタッフが一生懸命になって手配してくれているのだ。

バイクで球場に到着すると、もうすでに何人かの選手が到着し、グラウンド整備をしていた。選任のスタッフがいるわけではないので、自分たちで整備も、練習の準備もする。そこは高校野球と変わらない。

3月1日のキャンプインまであと4日。チーム合流4日目とはいえ、ブルペン入りできていないのは、怪我の選手をのぞいて僕だけだった。

加藤コーチがやって来て、体の調子を聞いてくる。

「どうだ？　いつブルペンに入れそうだ？」

加藤コーチは、トライアウトの最終日に僕に話し掛けてくれた人だ。あとで聞くと、監督に獲得を推薦してくれたのも加藤コーチだったという。どこを評価してくれたのか分からないけれど、期待に応えたいという思いがある。

「まだ体は張っていますけど、なるべく早く入りたいです」

「まあ、急がなくてもいい。徐々に練習に体を慣らしていって、来週中にタイミングをみてみよう」

確かに、今の体の状態はピッチングどころではなかった。まずは、練習にしっかりとついていけるようにならないといけない。

練習は14時半で終わった。ふだんは10時に始まり、昼食をはさんで夕方まである。今日は、夕方から栄養バランス研修会、そのあとは選手、監督・コーチそして球団スタッフ全員での食事会があるので早く終わったわけだ。少しは体も休められると思った。

食事会は市内の焼き肉屋『富久重』。チームの決起集会でよく行く店だという。

選手たちとコミュニケーションがなかなか取れていない僕は、なんとか距離を縮めたいとひそかに意気込んでいた。

弓岡監督や後援会の方々の挨拶があり、「球団初の二連覇」というチームの目標が伝えられ、大きな乾杯の声で食事会が始まる。

改めて見渡すと本当に若い人が多い。平均年齢は21、2歳だろう。ある選手に、

「そうすけさん、40歳ですか？　僕のお母さん43歳です」

と言われたときは絶句した。

NPBで素晴らしい実績を残した人たちもいる。弓岡監督はベストナインやゴールデングラブ賞を獲得したことがある選手だし、甲子園で優勝投手となりファイターズで新人王を獲得するなど実績がずば抜けている正田樹投手もいた。独立リーグってすごいところだな。そんな場所に自分がいることが不思議だった。

「そうすけ、もう一回ブーマーやってくれや！」

食事会も中盤に差し掛かった頃、弓岡監督の声が聞こえた。一昨日の入団会見ではあまりウケなかったから、監督が覚えてくれているとは思わなかった。でも、これはチャンスだ。意気込んで、隠し持って来た「青いバット」を抜く。

「持ってきてるし！」

選手たちから笑い声が上がった。

「ヴェーヴェー……」

僕が持ちネタ恒例のフリを始めると、さらに大きな笑いがこぼれた。

全員の前でやったモノマネは、入団会見よりウケた。その後、次々と選手が話し掛けてくれるようになった。

「良かった……」

芸は身を助く、とはこのことか……って違うかもしれないけど、おかげで選手と仲良く話せるようになり、ホッとする。『コミュニケーションは一歩前進』そんなことを携帯電話にメモをして、眠りについた。

翌日、今シーズン入団した選手のひとり、柴田健斗選手が話し掛けてきた。

「今日の夜、空いてますか？　一緒にピッチングの勉強しません？」

まさかの提案だった。

柴田投手は、一昨年（２０１３年）のオフにオリックスバファローズからドラフト7位で指名されるも、残念ながら戦力外となり、今年から僕と同じように愛媛マンダリンパイレーツのユニフォームを着ることになった選手だ。１５０キロ近い速球を投げ込む柴田投手は僕にとって雲の上の存在だった。そんな投手が僕に話し掛けてくれるなんて……。

「もちろん、良ければぜひ！」

話をして分かったことだが、柴田投手――いつからか僕は柴っちゃんと呼ぶようになっていた――は、僕の住んでいる家から自転車で10分のところに住んでいた。

定食屋で食事をした後、柴っちゃんの家に行った。

オリックス時代に柴っちゃんが撮影していた自分の投球フォームや、指導されている映像を見せてもらい、体の使い方について意見交換をした。ＮＰＢ出身のピッチャーとこんな話ができることが夢のようだった。それ以外にも、本当にいろいろな話ができた。

家に戻ると、がらんとした新居が少し居心地よくなっていた。

そうして迎えた翌日は、初めてのオフだった。

愛媛に来てからの一週間はあっという間だった。

遅刻をしたり、怒られたり、すべったり、ちょっとウケて、選手と仲良くなって、一緒に野球談議ができるようになって……凹んだり、うれしかったりといろんな感情が一気にやってきた日々。

夕方から地元のテレビ番組に出ることになっていて、その準備をしながら僕はこれからのことをしっかりと考えて行動していかなければならないと思っていた。激動だったトライアウト受験から今日まで。たった5カ月だったけれど、今までの人生で一番いろいろなことを考えた5カ月。それをゆっくりと振り返る。

そもそも、トライアウトに受かったからと言ってすぐに「愛媛マンダリンパイレーツにお世話になろう」と思ったわけではなかった。合格はとてもうれしかった。一方で、現実に「プロ野球選手になる」という事実を考えると、簡単に「ＹＥＳ」と言える状況ではないことも分かってきた。

僕は太田プロダクションという芸能事務所に契約してもらっている芸人の身だということ。

相方もいて、やまうっちゃんのことも考えないといけないこと。生活するためのお金、住む家のこと……。

「クリアしなければいけないことはたくさんあって、「僕の夢です」「僕が芸人として前に進むためです」と、熱く語ったところで、簡単に納得してもらえる話じゃない。

最初に相談したのは事務所だった。担当マネージャーの本間さんに「受かりました。やりたいという思いは強いですが、コンビのこともあるし、事務所の事情もあると思います。それに……、愛媛マンダリンパイレーツからの給料がいくらかとか、そういうことも全然分かっていません」

事務所は、僕の「夢」を受け入れてくれた。そして、交渉の窓口を買って出てくれた。

やまうっちゃんは、ふたつ返事で了承してくれた。

「お前がいない間、オレも負けないように東京で頑張る」

その言葉は、とても熱く、うれしかった。

そして、最終的には「夢」を追うこと、その意味を考え、決断した。入団が決まり、2月2日に開いてもらった単独の入団会見で言った言葉は本心だ。

「人団会見はテレビで見る側の人間だったので、自分がこういう場所に座り、見られる側になれると思わなかった。とても幸せです。40歳のルーキー。実力は若い人にかなわないと思いますけど、野球を思う気持ちでは負けないと思っています。愛媛と、四国に恩返しがしたい。ファンの方々が球場に来てもらえるように頑張ります。一度生きると書いて一生。悔いのないように頑張りたい。その姿に何かを感じてくれる人がいたとすれば、そういう人たちに、行動をすることで何かが変わるということを証明できればうれしいです」

振り返りながら、「自分にできるだろうか」と自問した。首を振る。

できるかできないかじゃない、やるかやらないかだ。

だからこそ、まずは開幕メンバーに入る。

四国アイランドリーグの登録メンバーは25人。愛媛マンダリンパイレーツはこの登録メンバーを23人にすることになっていた（開幕後に一枠増やして以降は24人）。それ以外は試合に帯同せず練習生扱いとなるため、試合に出るためには、この登録メンバーに入らなければいけない。練習生として契約をする選手を含め、キャンプの時点でチームには32人の選手がいたから、競争に勝ち抜くことは夢をかなえるための最低条件だった。

そのために必要なことは、何よりもまず「体力をつける」こと。

分かっていたことではあったけれど、ほかの選手に比べて明らかに体が弱い。すべてにおいて。練習についていくことでいっぱいいっぱいで、ランニングメニューに関しては、ほかの選手と同じ量がこなせないため、トレーナーの伊藤さんが少なめのメニューを作ってくれていて、それをなんとかクリアできるレベルだった。

これからの生活のこともしっかりと考えなければいけない。

僕は愛媛マンダリンパイレーツに所属し、「プロ野球選手として」プレーをしながら、これまでの「芸人」としての活動もやっていく「二刀流」に挑戦しようと決めていた。そんなのは甘い考えだ、と言う人もいたけれど、決して「プロ野球」という夢を甘く考えているわけではない。野球はチームスポーツであり、プロの世界は誰もが入れる世界ではない。絶対にチームに迷惑をかけないように、いや、チームにプラスをもたらす存在であるためにできることはなんでもやろうと考えていた。

順を追って、ゆっくり、しっかりと振り返っていき、頭も整理されてきた。

こんなふうに思わせてくれたのは、トライアウトで出会った丸山くんや阿波根くん、岩城くんといった受験生のみんなや、正直に話をしてくれた現役選手たちのおかげだった。グラウンドを通じて会話をした「夢を追う人たち」の姿。20近く歳の離れた彼らの思いを自分なりに理解し、感銘を受けたからこそ、たとえ批判されようとも覚悟を持って「二刀流」に挑戦しようと思えた。

いよいよ、明日からキャンプイン。本当のプロ生活が始まろうとしていた。どんな毎日が始まるのだろうか――。

かくして始まったキャンプはきつかった。

プロというだけあって、練習メニューは細かい。

朝、グラウンドに着くとまず、ベンチに置いてあるホワイトボードをチェックする。分刻みで1日のメニューが書いてある。

投内連係やサインプレーといった戦術的なものから、体力作りのメニューなど幅広い練習を行う。「プロアジ」「シャトラン」「ハーフガス」といった体力系のメニューが中心の日は40歳の体には一番きつかった。

とはいえ、確実に前進をしている自分を実感している。そもそもキャンプが始まった頃は、練習メニューの意味すら理解できないレベルだった。

「プロアジ？　なんだそりゃ。ハーフガス……？　あれ、オレ今から野球の練習をするんだよな」と思ったくらい、聞いたことのない言葉が並んでいた。実に細かい、さまざまなトレーニングに驚いたのだ。

今では多くの人が知っている「体幹トレーニング」すらなかった僕らの高校時代。ずいぶん野球そのものが変わったのだなあ、と思った。そしてそれをこなすうちに、少しずつ戸惑うことが減り、これは野球のレベルも上がるな……とちょっとずつではあるけれど俯瞰して全体を見られるようになってきていた。

キャンプには、3つの山があった。

地元・松山で行う序盤。中盤は1週間今治まで出向いて組まれる合宿。そして開幕に向けてオープン戦、トーナメント戦が組まれた終盤。

目標は開幕メンバーに入ること。そのためにすべきことは、チームの一員として認めてもらうようにコミュニケーションをとること。練習に耐えられる体力をつけること。そして、すでに言い渡されている初登板、今治合宿直後に行われる徳島インディゴソックスとのオープン戦で結果を残すこと。開幕までの日程を頭で描くと、3つの山の中で中盤に行われる今治合宿はいろんな意味でチャンスだし、踏ん張りどころだと感じていた。

実際それは、僕にとって実りが多いものだった。その名のとおり、愛媛県今治市で行う、6泊7日の合宿。

一週間をチームメイトと一緒にすごし、食事をし、大浴場で風呂に入り……若い選手とぐっと距離が縮まったことを感じた。

３人部屋ということもあって、最初は「歳の差が20も離れた人と一緒で大丈夫かな？　むこうは嫌じゃないかな？」と不安もあった——同部屋はキャプテンの鶴田選手25歳と、19歳の小澤選手だった——けれど、小澤選手とは空いた時間にほかのチームメイトとともにラーメンを食べに行くなど、松山では寮に住んでいてなかなか交流ができない若い選手たちとたくさん話す機会をもつことができた。

加えて、僕をのぞいたチーム最年長で、もっとも実績のある正田樹選手（正田ちゃん）とは、加藤コーチ、萩原淳コーチとともに部屋で酒を酌み交わし、大いに話をしたし、外国人選手たちとも仲良くなった。特にドミニカ出身で東北楽天ゴールデンイーグルスに所属していたこともあるポロは愉快なやつだった。キャンプ中、昨年（２０１５年）まで東京ヤクルトスワローズにいたデニングとともに寝泊りする部屋に正田ちゃんと招待されたことがあった。全然言葉が通じない中で、必死にジェスチャーで言いたいことを伝え、ときにモノマネをする。ポロはげらげらと笑ってくれた。途中から僕のことを「パピー、パピー」と連呼するので、「どういう意味？」と聞くとどうやら、ドミニカで「お父さん」

という意味らしかった。

一方、合宿では課題も改めて浮き彫りになった。特に体力強化という面では、年齢がやはり大きな壁となった。初日、今シーズンの初陣となるオープン戦を社会人チームと行ったのだけれど、投手陣が12個の四死球を出し、12対2と完敗。僕の登板はなかったけれど投手陣の連帯責任ということで「罰走」をすることになった。走りに走ること数時間。40歳の体は翌日から悲鳴をあげ、ブルペン投球を一度回避するなどなかなか思い通りにトレーニングができなかったのだ。伊藤和明トレーナーにマッサージを受けながら、言われた。

「無理だけはだめですよ。もう若い人と体が違いますからね」

挑戦をしに来たのに、怪我をして何もできませんでした。では意味がない。伊藤さんの言葉は僕自身がずっと考えてきたことだったから、練習をしたい気持ちを抑えつつ、できることをやろうと努めた。

そうそう、もうひとつ勉強になったことがある。

独立リーグ、というものがどういう存在であるか、ということだ。合宿中にもかかわらず午後だけの練習となった日があった。周りの選手に「なんで?」と聞くと、午前中にチームメイトの数名が地元の中学生に野球教室を行うという。また、毎朝日替わりで、今治駅の掃除当番というものがあった。僕は５日目に担当したのだけれど、練習開始の２時間前、８時に駅に行き30分間ゴミ拾いや掃除をするのだ。ほかにも今治の後援会の人たちと食事会があったりと僕たち「独立リーグのプレーヤー」は、地元と密着することで成り立っているのだと実感した。

プロと聞くと、華やかな世界に聞こえる。少なくとも、僕はそう思っていた。でも、こうした地道な活動を含めて「独立リーグ」という存在が成り立っている。身を持って体感できたとてもいい機会だった。

僕はカラオケに行くと1番しか歌わない。

そっちのほうがたくさんの歌を聞けて、歌えるからだ。

キャンプ20日目を終え、開幕まで残り10日となったこの日、僕は松山に来て初めてのカラオケに来ていた。

メンバーは松山商業高校の野球部出身で地元の企業に勤める矢野さんと大野くん。矢野さんは、高校野球ファンには伝説の存在だ。夏の甲子園の決勝。熊本工業高校対松山商業高校の一戦は延長にもつれ込む。10回、ワンアウト３塁で熊本工業の選手が打った打球は高々とライトへ飛び、誰もがサヨナラで熊本工業が甲子園優勝を果たすことを確信した。次の瞬間――ライトを守っていた矢野勝嗣選手は捕球した打球を思い切りホームへ投げ込む。アウト。スーパープレーの勢いに乗って松山商業は甲子園を制した。

矢野さんはそんな野球界の伝説の人。松山に来ることで知り合いになれたわけだ。短い時間ではあるけれど、久々のカラオケを楽しみながら、挑戦して広がる世界に少しずつだけど自信を深めていた。

オープン戦初登板も上々だった。徳島インディゴソックスとの一戦。場所は松山市の隣、伊予市にあるしおさい球場。湾岸にある開放的な公園の中の球場だ。前日まで晴れの日が続いていたけれど、小雨が降っていた。

与えられた役割は3番手。ブルペンで待機しながら試合を見守る。チームはとても調子が良かった。2回、3回と得点を重ね6回までに6点を奪う。何より、投手陣がすごかった。先発の正田ちゃんが4回をパーフェクト、つまりひとりもランナーを出さないピッチングを披露し、それを継いだ西村投手も3者凡退で抑える。

6対0、パーフェクトゲーム進行中……いくらオープン戦といえ、緊張感が高まってくるのが分かった。そして7回の表から僕はマウンドに上がる。

ひとりもランナーを出せない。フォアボールもダメだ。パーフェクトリレーのプレッシャーが押し寄せてきた。

先頭バッターを三振。二人目のバッターをサードフライ。5球で打ち取ると、ここでお役御免。なんとかパーフェクトで次の投手にバトンを渡すことができた。うれしかった。こうしてここまで来れたことが。

この調子で少しずつ前に進んでいきたい。カラオケで歌う矢野さんたちの姿を見ながら、つい言葉が出ていた。

「楽しいねえ……」

矢野さんが帰り際に言った。

「頑張ってくださいね」

愛媛に来てからというもの、この頑張ってくださいね、というなんの変哲もない一言が、僕にとって一番うれしい言葉だった。時間を経るにつれ、僕の挑戦を応援する人が増えてくれているのを実感していた。『BEST　T!MES（ベストタイムズ）』というウェブマガジンで愛媛での日々についてのコラムを毎週更新していたこともあったのかもしれない。この挑戦は、自分の夢のためであったけれど、一方で「夢に挑戦すること」に対する同世代へのメッセージのつもりでもあった。

いつからか「夢を諦めた」とは、同世代で集まるときに聞く、定番の言葉になっていた。そんな世代なのだ、40歳は。

この挑戦までの僕もそれは同じだった。野球もそうだし、芸人としての夢に対しても、もっともっとできることがあったはずだ。

だからこそ、僕の挑戦に何かを感じてくれる人がいたらいいな、という思いがあった。現実に僕は今、充実感を得ることができている。頑張ってください、という言葉には、それに対するシンパシーがあるような気がしていたのだ。

「一度生きると書いて『一生』。動き出すことが大事だよな……」

愛媛マンダリンパイレーツの入団会見で言った言葉を思い出していた。


キャンプインから26日目。

部屋にうずくまり、お腹を抱きかかえたポーズで僕は動くこともできなかった。

激痛。

チームはオープン戦をこなし、今日は四国アイランドリーグのトーナメント戦で高知県越知町へ行っている。僕は残留組で、松山で練習をしていたのだけれど、途中からお腹あたりに異変を感じ、練習を切り上げさせてもらっていた。そのまま病院へ行ったのだけれど、待合室で呼ばれる間中、体調がすぐれず、冷や汗が止まらない。何よりお腹が痛い。ようやく名前を呼ばれ、診察室に入ると……そのまま嘔吐してしまった。

自分でもびっくりして、ちょっとパニックになった。

「急性小腸炎ですね」

お医者さんが言った。聞いたこともない、当然かかったこともない病気に戸惑った。

「ストレスからくるものですから、安静にしてください」

いやでも、痛いし！

人生初の点滴をしてもらった後、なかなか収まらない腹痛を堪えてなんとか家に帰ったところで、もう限界だった。着いたと同時に部屋にうずくまっていた。

「ストレスか……」

徐々にチームメイトとも打ち解け、体のきつさはあっても、ものすごいストレスを感じているという感覚はなかった。いや、むしろ充実していたはずだ。もちろん、不安はたくさんある。自分の実力のこと、お金のこと、東京に残してきた相方のこと……。でも、こここまでの日々はそれを上回るくらいの経験ができていると感じていた。

「知らないうちに、体はストレスを感じていたんだ……」

ひとりの部屋でいることに急に、心細さが募ってくる。

痛みが和らいできて、ふと時計を見ると、うずくまったまま3時間が経過していた。

東京にいれば、なんだかんだで近くに芸人仲間がいたり、友人がいたりした。チームメイトはいるけれど、でもここではひとりなんだ――。

翌朝、薬のおかげかお腹の痛みはだいぶ収まっていた。でも、体を動かすレベルにまでは回復していない。この日はトーナメント戦に合流して、1試合目と2試合目の間に、余興として久し振りの芸人としての仕事――ネタを披露することになっていた。

「さすがに無理だ」

チームにそれを伝えると「残留組でいいよ」と、僕の体を優先してくれた。

申し訳なかった。

愛媛マンダリンパイレーツが僕を取ってくれた理由。

それは単純に実力だけの評価ではないことくらい分かっていた。

多くの人に四国アイランドリーグを、愛媛マンダリンパイレーツを知ってもらう、そのひとつのきっかけとして僕の役割がある。売れている芸人、とは言えないかもしれないけれど、その芸人という肩書きを持つことを含めて僕がここに存在する理由がある。チームから直接そうやって言われたことはなかったけれど、ちゃんと理解しているつもりだ。

プロ野球選手になるというのは僕の夢。

一方で、その夢を手にするために役割がある。

それが、チームの戦力となること、そしてチームをもっと多くの人に知ってもらうこと。微力かもしれないけれど、今回のように「ネタ」を見せる機会を作ってもらうことで、野球に興味がない人でも球場に足を運んでくれて、それがきっかけで愛媛マンダリンパイレーツや四国アイランドリーグを好きになってくれるようになれば……。

なのに、自分の体調でそのチャンスを逃している。

体を壊してしまえば、野球の役割だけでなく、その役割もできないのだ。

「早く治そう」

昨日まで、初めての痛みにびっくりしっぱなしだったけれど、申し訳ないという思いが、今まで以上の責任を感じさせた。何より4月2日の開幕まで5日を切っていた。

第4章 ― 開幕

2月22日に愛媛に来てからすでに1カ月以上が経っていた。

ほとんど野球漬けの毎日は、知らないことを発見する日々で、それは楽しかったり、ちょっとつらかったりする。

四国アイランドリーグの開幕は4日後に控えていた。目標にしていた開幕メンバーベンチ入り。僕は、それに漏れたことを今日、知らされた。

バイクを飛ばしてサンシャイン衣山に着くと、映画を観た。名探偵コナン。

悔しかった。映画が終わると姉の家へ向かう。姉夫婦は松山に住んでいた。誰かと話をしたかった。

「開幕メンバーは入れなかったよ。悔しいなあ……」

「まあ、仕方ないよ。まだ始まったばかりだし」

そうなんだけど。でも……。

やっぱり勝負の世界。開幕という特別な1日、特別な試合だったからみんなと勝利を目指して戦いたかった。

悔しかったのにはもうひとつ理由がある。

相方のやまうっちゃんが開幕戦の行われる香川に来てくれることになっていた。相方が来ると聞いたのは数日前。まだメンバーの発表もされていなくて、来ると聞いたときは、安くない交通費のことや、仕事のこと、僕がわがままで野球をやらせてもらって迷惑をかけていることなど、たくさんのことが頭に浮かんできて、せめてマウンドに上がる姿を見てもらいたいと思っていた。

今さらメンバーに入れないことが分かっても、飛行機などのチケットも取ってくれていたし、来なくていいよ、なんて言えない。しかも、開幕戦は香川オリーブガイナーズとのビジターゲームだ。ベンチに入れなかった僕は、残留組として松山で練習をすることになる。会うことすらできない。

実力がまだ足りていないことはじゅうぶんに理解している。昨日は『ワールドウィング』に通う手続きをした。イチロー選手や山本昌さんなど、プロの第一線で長く活躍する人たちが取り組む初動負荷トレーニングを行うジムだ。正田ちゃんもやっていて、可動域を広げることができると聞いてやってみようと思ったのだ。月額1万円ほどの会費は今の生活には重い。でも、成長できるかもしれないことは何事もやってみなければ、僕は勝ち残っていけない。そうやっていろいろと考えて行動していたからこそ、開幕戦でベンチ入りがしたかった……。

姉の家を後にし、家につくとメモ機能を開いた。

『悔しい。開幕戦行きたかった……』

打ち込むと、布団を頭からかぶった。

開幕を前日に控えた練習で、思いがけないことが起きた。ベンチ入りメンバーには漏れたものの、「試合の空気を知っておくのもいいから」と、香川に帯同することを加藤コーチから告げられたのだ。プロに入り、初めての開幕戦をその目で見ることができる。

対戦相手の香川オリーブガイナーズには、トライアウトでお世話になった西田監督、伊藤コーチ、仲良くなった選手の顔もあった。

そしてレグザムスタジアム。トライアウトを受けたあの球場だ。浜風が気持ちいい。あのときとまったく違った立場でここにいることに不思議な感覚がある。

　スタンドを見れば、トライアウトのときにはいなかった1000人くらいのファンが集まっていた。昨シーズンの四国アイランドリーグ全体の平均観客動員が700人台ということを考えれば大観衆だった。熱心に応援をしてくれる方たちもいて、応援団も来ていた。特に我が、愛媛マンダリンパイレーツの応援団は、四国アイランドリーグでもその人数がもっとも多いらしい。旗を振ってくれ、演奏をしたりと心強い味方だった。

　試合は、7対2と見事快勝。シーズン2連覇に向けて幸先のいいスタートを切った。そして熱戦を外から見るにつけ、やっぱりベンチ入りをしたい、マウンドで投げたい、という思いがふつふつと湧き上がってきた。

　ベンチ入りメンバーは週に2回変わる。ホーム開幕戦となる来週9日、読売ジャイアンツ戦は絶対にベンチ入りしてやる――。

　今のチーム事情を考えれば、僕がチームに役立てる場所というのは、中継ぎやワンポイントでの登板になる。そうすると重要なことはまず、連投ができることだ。いつでも、どんな試合展開でも投げられるようにしなければ、中継ぎはつとまらない。チームにとって大事な時期になる夏場なんかはもっとしんどいだろうから、今からそういったことも想定していこう。

「投げ込む量を増やそう」

外から見るだけでも収穫の多い開幕戦だった。


四国アイランドリーグは、基本的に週末の金土日に3連戦を行い、ときどき平日に1、2試合程度が組まれるペースで進む。シーズンは前期日程と後期日程に分かれていて、前期は5月いっぱいまでの全31試合。そこから2カ月の中断——といっても、選抜メンバーがアメリカ独立リーグに遠征に行くのだけれど——を経て、7月31日から9月初旬まで後期日程の全34試合を消化。前期優勝チームと後期優勝チームが9月のなかばに行われるチャンピオンシップシリーズで対戦し、先に3勝したチームが総合チャンピオンになる仕組みだ。昨シーズンは後期日程で優勝した愛媛マンダリンパイレーツが総合チャンピオンに輝いていた。

リーグには、ソフトバンクホークスの三軍との試合が各期4試合の計8試合、読売ジャイアンツの三軍との試合が前期に3試合組み込まれており、これもリーグ戦に含まれている。NPBを目指す選手が多い中で、そのレベルを肌で感じることができる。

開幕戦に勝利した愛媛マンダリンパイレーツは、翌第2戦が雨天中止となり、第3戦が週末8日の金曜日にビジターで行われる高知ファイティングドックス戦、第4戦、5戦がホーム開幕戦となる土日の読売ジャイアンツ三軍戦となっていた。

ホーム開幕戦は、年に3回しかないジャイアンツ戦ということもあって、注目度も高い。僕らも練習前の朝7時半からビラ配りをして、ひとりでも多くの人に見に来てもらえるよう、呼び込みをした。これまであまりファンの方、地元の人と接する機会がない僕にとっては、顔を覚えてもらい、興味を持ってもらうためのチャンスだ。

ただ、興味を持ってもらってもベンチに入れなければなんの意味もない。練習ではブルペンで精力的に投げ込み、いつも以上に明るく取り組んだ。そして、8日。チームが高知ファイティングドックスとの第3戦を戦う中、残留組として練習をしていた僕に吉報が届いた。ホーム開幕戦でベンチ入りを果たしたのだ。

さらにうれしい知らせもあった。ホーム開幕戦に、事務所の先輩であり、芸人として尊敬する山田邦子さんと、相方のやまうっちゃんがわざわざ東京から来てくれることになったのだ。一泊二日という強行軍。忙しい合間を縫って、完全にプライベートで、自腹で来てくれる。さらに邦子さんは始球式までしてくださるという。

なんとしてもふたりに登板する姿を見せたい。

「登板させてください……」

なんだか祈りたい気分だった。

迎えたホーム開幕戦。坊ちゃんスタジアムは、３０００人近い人がいただろうか。球場中から熱気が伝わってきた。ジャイアンツのラインナップには２０１１年の盗塁王・藤村大介選手や、２０１３年の最優秀救援投手の西村健太朗投手ら錚々たるメンバーがいた。

試合前に邦子さんに会い、プライベートで〝仕事〟をお願いするお礼を伝える。

「全然大丈夫。いいよ始球式でもなんでもやるよ。そんなこと気にしないで頑張って！」

優しい言葉に胸を打たれた。

「投げさせてくれ！」

もう祈っていた。

邦子さんの始球式で幕を開けた試合、コーチから投げるとしたら5番手、と言われていた。試合は緊張感のある好ゲーム。先発の正田ちゃんが、抜群のコントロールと、経験に裏打ちされたピッチングでスコアボードに0を並べていく。一方、ジャイアンツの先発、田原啓吾投手も素晴らしく、マンダリンパイレーツはなかなか点を取れない。

ブルペンから試合を見ながら、僕はゲームに興奮すると同時に「あちゃーこれはちょっと登板は難しいかな……」と感じていた。何度かキャッチボールをするけれど、二番手以降の投手すら声がかからない状況だ。

5回が終わると、グラウンド整備の間に相方のやまうっちゃん、邦子さんとともにグラウンドに行き、マイクパフォーマンスをする。プライベートなのにこんなことまでしてもらい申し訳ないと思いつつ、久しぶりに隣に並んだ相方の存在がちょっと頼もしかった。

0対0のまま9回裏、愛媛マンダリンパイレーツの攻撃。マウンドには、かつてNPBで最優秀救援投手にも輝いた西村健太朗投手。愛媛マンダリンパイレーツは、ワンアウト満塁のチャンスを作り、古川選手がライトへサヨナラタイムリーヒット。劇的な勝利で開幕3連勝を決めた。

いっせいにベンチ、ブルペンから飛び出すチームメイトの姿に野球の醍醐味を見る。「投げたかったー」なんて思いながら僕もその輪に加わった。

その夜。松山にあるおいしい居酒屋『一八』で邦子さんとやまうっちゃんを含めた面々と食事をした。久々に東京で会っていた気の置けない仲間との話に盛り上がる。

「邦子さん、来ていただいたのに投げる姿を見せられずにすみません」

するとこともなげに言われた。

「あの展開じゃ無理だよね、でも試合を見られてうれしかったたし、すごく楽しかったよ」

感謝以外の言葉が見当たらなかった。

やまうっちゃんの言葉は一言だけだった。

「完全にアスリートの顔してるな」

これまで19年間、コンビとしてやってきたのに急にひとりになって大変な思いをしているだろうに、そんな様子をおくびにも出さない。やっぱり感謝の気持ちで心がいっぱいだった。やまうっちゃん、ありがとう。邦子さんありがとうございます。

みんなを見ていたら、マウンドに上がる姿をどうしても見てほしくなった。

翌日早々ふたりは帰らなければいけない。邦子さんは仕事があるそうだ。でも、やまうっちゃんは残れるんじゃないだろうか。明日も登板の可能性はある。ついつい、無理を承知で口にしていた。

「明日、投げられる可能性があるかもしれないから、残ってよ」

「予定が入ってるから」

そっか、東京で頑張っているのか。コツコツ仕事してるんだな……。自分の実力に情けない思いが募る。今日のような拮抗した試合展開で投げるのはチームのためにならない、と分かっていた。だから余計に悔しかった。

「拮抗した試合でもチームのためになる。監督・コーチが安心して任せられるピッチャーになるために、もっと頑張らないとだめだぞ！」

おいしい食事に久しぶりの再会で盛り上がる席、ひとりそんなことを思った。


初登板、そのときどんな状況になるだろう。

キャンプ中から、寝る前に想像することがあった。抑えるシーン、活躍するシーンを思い浮かべてちょっとにやついている自分がいたかもしれない。ボコボコに打たれるシーンも想像できたけれど、マイナスになるようなことは考えないようにしていたから、なるべく「いいイメージ」を持つようにしてきた。

ただ、ひとつだけ、ついマイナスにイメージしてしまうことがあった。

愛媛マンダリンパイレーツを応援し続けているファンたちのことだ。チームを純粋に応援し続けているファンから見て、僕はどう映っているのだろうか。

話題作りのために四国アイランドリーグにやってきたんだろう。そんなふうに見られているのではないか。歓迎されていないのではないか……。

ブルペンから一歩足を踏み出し、グラウンドに出ると、

「ワー」

っという声が聞こえた。

続いて場内のアナウンス。

「ピッチャー、伴に代わりましてサブロク双亮」

ドッと湧いた。

そして聞こえてきたコール。

「頑張れ、頑張れ、サブロク！　頑張れ、頑張れ、サブロク！」

翌日のジャイアンツとの第2戦。僕はついに公式戦初登板のマウンドへと向かっていた。

9回表、3対4。

客観的に見ても、とても重要な1イニングだった。前日のサヨナラ勝ちの勢いそのままに、7回まで0対4と劣勢に立たされていた試合を8回裏に3点を返し一気に1点差にまで詰め寄っていたのだ。登板が決まったのは、本当に直前の8回裏。8回裏の時点で同点

以上だったらストッパーの阿部（直晃）ちゃんが、１点でも負けていれば僕が登板する予定だった。８回裏に追い上げていく攻撃陣を見て、阿部ちゃんも僕も投げ込みのペースを上げていった。

そうしていざ、その運命の瞬間。

「頑張れ、頑張れ、サブロク！」

その声は、僕には何よりも強い力となった。

「良かった、少しは認めてもらっていたんだ」

まだ一球も投げていないのに言うのはおかしいけれど、少しほっとした。

この日の観衆は１８２４人。僕にとっては、数万人の人が入っているような感覚だった。

投球練習を終え、フィールドに目をやり、守っている選手ひとり一人に声を掛ける。

内野手も、外野手も、全員に対して目を見て名前を呼び、「よろしくね！」と言う。これは僕のモットーで、野球はチーム全員でするものだという気持ちと、コミュニケーションが窮地を救ってくれる、という思いからのことだ。

サードのポロが声を返してくれる。

「ダイジョウブ！　パピーガンバッテ」

ベンチも声を出して僕を後押ししてくれている。

「流れを切らない」

そう言い聞かせてキャッチャーのサインをのぞいた。

バッターは6番の北之園隆生選手。

初球はストレートが外角に外れた。力み過ぎだ。

2球目、ツーシーム。ライトとセカンドの間へふらふらと打球が上がる。セカンドの木村聡司選手がダイビングをする。取れない、ファール。セカンドが捕るにはちょっと不可能に近いところへ飛んだ打球だったけれど、全力でアウトをもぎ取ろうとしてくれるその姿が心強い。

3球目、ストレートがボール。

4球目、シュートがボール。

5球目、ツーシームでボール。フォアボール……。

思わず天を仰いだ。この試合展開で、先頭バッターをフォアボールで出す。一番やってはいけなかったことだ。次のバッターは川相拓也選手。ジャイアンツの三軍監督でもある川相昌弘さんの息子さんだ。

ノーアウト1塁。キャッチャーの鶴田──鶴ちゃん──から守備シフトのサインが出る。ランナーを簡単に2塁に進めさせたくない。バントに備えるためのサインプレーだ。

「あ、やばい」

初球、バントシフトのサインが出ているにも関わらず僕の投球のタイミングが早過ぎてしまう。野手が全員で連動するバントシフトは、ピッチャーの投げるタイミングがとても重要だ。ボール。

「やばいな……」

頭の中で、サインプレーの確認をする。投じた2球目。川相選手はピッチャーの僕の前にバントを転がす。捕球をし、1塁へ投げようとした球がふわっと浮く。

「あぶない！」

なんとかアウトになったものの、一歩間違えれば大ピンチだった。

ワンアウト2塁。ここで、加藤コーチがマウンドにやってきた。交代だった。

「先頭バッターのフォアボールはダメだ」

叱られた。

「すみません」

負けている展開で昨シーズンのセーブ王でもあるチームのストッパー・阿部ちゃんを出させてしまったことに申し訳ない思いでいっぱいだった。

緊張を楽しんでいるつもりだったけれど、視野が狭くなっていた自分がいたんだと思う。ベンチに戻る途中、温かい声を掛けてくれるファンの思いが悔しさを倍増させた。

「次は絶対にナイスピッチングと言われて、ファンに喜んでもらってベンチに戻りたい」

その後の試合は劇的だった。

代わった阿部ちゃんのけん制が悪送球になり、ワンアウト3塁。続くバッターの田島洸成選手が1、2塁間に鋭い打球を放つもファーストの井生広大選手が横っ飛びで好捕しツーアウト3塁。阿部ちゃんが次打者をしっかり抑えて1点差のまま最終回に向かうと、先日に続き登板した西村健太朗投手から2点を奪って連日のサヨナラ勝利を収めたのだ。

チームの雰囲気は最高だった。でも僕はダメだ。次こそは必ずチームに貢献する。まずは明日、投げ込みとサインプレーの練習だ。

試合が終わり、家に帰るとどっと疲れが出た。初登板をメディアの報道などで知った友人からたくさんの連絡が来ていた。ひとつずつ返信をしながら、そういや、やまうっちゃん、見られなかったなあ初登板、と思った。

ここまでお世話になっている太田プロダクションのマネージャー、本間さんにも初登板の連絡をした。

「やまうっちゃん、帰っちゃって見られなかったんだよ」

「え、今日、仕事ないよ？」

ドテー！

「俺の登板は私用に負けたのか！」

どんな用事に負けたのか気になるよ、やまうっちゃん。

第5章 ― 大きな課題

チームは強かった。

開幕からちょうど1カ月で9勝5敗1分け。首位に立っている。要因は守備陣、投手陣の安定だった。

チーム防御率は1点台。開幕直後に出ていた守備のエラーが減って守り勝つ野球ができ始めた。チームには「2点取れば勝てるぞ」という雰囲気がある。それが打撃陣のメンタルに安心感を与えているような気がしている。

その投手陣の中心は、正田ちゃん。北海道日本ハムファイターズ、阪神タイガース、ヤクルトスワローズでプレーし、また台湾やメジャーリーグの3Aなど海外でも活躍をした。経験がずば抜けているだけあって投手陣の精神的な支柱だ。口数は多くない。ものすごく理論的で、自分を持っている正田ちゃんは、ロッカーなんかもとてもきれいで、登板前のルーティンは一切変わらない。

「プロで一流の成績を出す人ってすごいな」

正田ちゃんを見て正直にそう思った。

横浜ＤｅＮＡベイスターズにいた古村、通称コムタンとオリックスにもいた柴っちゃんの存在も大きい。僕と同じく今年加入したふたりのＮＰＢ経験組は、中継ぎ、抑えの役割をしっかり果たしてくれている。僕にとってもふたりの存在は大きくて、中継ぎ組としていつも一緒に行動をして、いろいろな話をすることができている。歳は離れているけれど僕にとっても頼もしい存在だ。

一方、打者でいうと昨シーズンにヤクルトスワローズで活躍したデニングの存在感がすごい。

四番に座り、ここまでチーム唯一のホームランを打っているし、打率は４割を超えている攻撃の要。加えてチームリーダーとしても存在感が際立っている。

試合中はいつも大きな声を出して「レッツゴー！」と選手を鼓舞し、ときにはバッティングの指導をする。自分がランナーに出塁しているときでも、「シャープにハイボールを狙え」とか「低めを捨てていけ」とか身振り手振りで打者にアドバイスを送る。

これがいかにすごいことか。独立リーグならではの理由がある。

デニングの目標はNPB復帰。というより、ここに在籍する選手はみんなNPBを目標にプレーしている。今シーズン中にNPBに復帰するには7月31日がデッドラインで（つまりあと2カ月を切っていて）、それまでにどんどんアピールをしたい、と思っている。ともすると、自分の成績さえ良ければいい、という気持ちになりがちだ。実際、成績が良いほうが注目される。けれど、デニングにはそういった部分がない。野球に対して真剣で、チームの勝利に対して一生懸命なのだ。

これは、愛媛マンダリンパイレーツというチーム全体にいえる姿勢で、僕はそれを感じるたびに、

「本当にこのチームに入れて良かった」

と実感する。

個人の事情はいろいろあっても、いざ試合となれば勝利を目指して戦い、全力を尽くす。その上で重要なのはコミュニケーション。日々、チームメイトや球団の人と会話をすること。簡単そうで難しいことが体現できているチームなのだ。だから強いのだと思う。

試合前。

四国アイランドリーグでは、一塁線上、三塁線上に、全選手が一斉に並び、ひとり一人名前がアナウンスされるのだけれど、香川オリーブガイナーズの主催試合では、選手はベンチにいて名前を呼ばれた選手が順にグラウンドに一列に並んでいくシステムになっている。そのとき愛媛マンダリンパイレーツは、呼ばれた選手と並んでいる選手がグータッチをして気持ちを合わせる。デニングだけは決まって僕の帽子をとって頭にグータッチをする。

「これをすると縁起が良くて、打てるんだ」

そんなことを言ってくれる。

ほかの選手もちょくちょく、「縁起が良くなる」と頭を触りに来てくれる。僕にとっても素晴らしい瞬間だ。

僕はというとこの間、３試合に登板していた。そしてこの３試合で、僕の大きな課題が浮かび上がっていた。

二度目の登板機会はホーム開幕戦から２週間ほど経った４月28日の福岡ソフトバンクホークス三軍との交流戦だった。７対０とリードした９回ツーアウトからマウンドに上がり、一本ヒットを打たれたけれど、次の打者をセンターフライに打ち取り、試合を締めくくることができた。

試合後、柴っちゃんが笑いながらボールを手渡してくれた。

「これ、ウイニングボールです」

見ると、ボールに「非公認セーブ」と書かれてあった。

「何これ！　ボールに直接書いちゃってるし！」

三度目はそれから3日後。高知ファイティングドックス戦。

6対1で勝っている9回から登板した。数少ない愛媛県内のテレビ中継がある日で「登板できたらいいなあ」と思っているところにやってきたビッグチャンス。いっそう気持ちが入っていたのだけれど、結果は散々だった。先頭のラシィナ選手にセンター前ヒットを打たれ、次の打者のショートへの打球はイレギュラーし（記録はエラー）アウトが取れず、ノーアウト1、2塁。ここで降板。柴っちゃんが後続を打ち取ってくれてチームは勝つことができた。エラーというのは投手のリズムが影響している。つまり、僕の投球のテンポが悪い、守備のリズムが作れない状況にしているということだ。

この三度の登板で僕の課題ははっきりしている。

「先頭バッターを出さない」

すべての試合、先頭バッターを出塁させている。だからリズムが悪くなるのだ。

弓岡監督にも加藤コーチにも同じことを言われている。

プロだろうがアマチュアだろうが、草野球だろうがそれは同じだ。チームが調子がいいときだからこそ、登板チャンスは多い可能性がある。早く修正していかなければ。


ミーティングでのこと。

弓岡監督が好調のチームに喝を入れた。

「去年のシーズンも前半戦は好調だった。ただ、この時期に6連敗をして一気に優勝を逃したんだ。今年も同じ事にならないよう、連敗を避けていこう」

一試合、一試合に集中していこう。僕自身もチームもその雰囲気をうまく作れていた。

そんな中、四度目の登板チャンスが訪れる。

ゴールデンウイーク最終日となった5月8日の香川オリーブガイナーズ戦。7対0でチームが大量リードをしている8回ツーアウトの場面で僕はマウンドに上がる。アウトひとつをしっかり取って帰ってくる。そう思い、バッターに対峙した。けれど……。

またしても結果はひどいものだった。

何より内容が悪かった。はっきりとしていた課題「先頭バッターを出さない」を最悪の形で体現してしまったのだ。

先頭バッターへフォアボール。そこからヒット、ヒットで1点を失い、降板。

コーチに交代を告げられると、ベンチへダッシュで戻った。いい投球ができなかったとき、僕はダッシュでベンチに戻る。悔しくて、自分に対して何をやっているんだ、という思いと、次こそはという思いを込めて。

ベンチには、僕を出迎えてくれる選手たちがいる。労いの言葉が、悔しさを倍増させた。

「ちくしょー」

つい、そんな言葉が口をついた。

来ているファンの方にも、チームにも申し訳なかった。こんな投球を続けていては、チームからもファンからも信頼を失ってしまう、という焦りにも似た気持ちがあった。

試合は、8対1で勝利したものの、唯一の失点が僕の責任だったことは、さらに悔しさを感じさせた。

なぜ先頭バッターを出してしまうのか。

技術的なことを抜きにして考えれば、原因ははっきりしていた。

ボールが高いこと。

心理的に優位に立てないこと。

そして、慣れない中継ぎというポジション。

ボールが高いことは、これから修正していくしかない。意識してできることだから、徹底しなければと思っている。

心理的な問題は、これまでもずっと感じていた。バッターに対峙する際、どうしても劣勢に感じてしまう。ほかのピッチャーに比べて球速が遅く、簡単に打たれてしまうのではないかという恐怖心。細かいコントロールがなければ打ち取れないというメンタルになって、結果的にフォアボールが増える。今日の試合も、完全にバッターのペースに巻き込まれている。守っている野手から見ればただの一人相撲だ。

試合後のロッカールーム。

着替えながら、ついその思いが言葉になった。

「ワンアウトを取るのって難しいなあ……」

誰に聞かせるでもなく発した言葉だった。それに対し、ロッカーが隣の正田ちゃんがこう言った。

「いや、向こうのバッターのほうが絶対にプレッシャーを感じていますよ」

ストン、と心に落ちた気がした。

それはそうだ――。40歳の芸人の球を打たなきゃいけない、というプレッシャーは相当だろう。打てなければ「何をやってるんだ」と監督、コーチに怒られる可能性だってある。

それに引き換え、僕には失うものはない。

「だったら、打てるものなら打ってみろ」

くらいの気持ちで投げればいいんだ。

「そうだよね。その発想は頭になかった。ありがとう正田ちゃん」

なかなか結果が出ない日々に差し込んだ明るい光のようだった。


それでもこれ以降僕が、すぐに結果を出せるようになったかというと、残念ながらそうではない。

先頭バッターを出さないと思ってはいても、やっぱりいろんな要素が絡み合って、その課題はクリアできないままでいた。

さらに中継ぎというポジションの難しさは、やってみなければ分からないものだった。慣れない分、ブルペンで待機するどのタイミングで力を入れて準備し、マウンドに臨めばいいのか、まだそこへの「ルーティン」が確立できていない。自分の調子やバッターの雰囲気を見て徐々に探っていけばいい先発と違い、中継ぎは初球からベストボールを投げ込んでいかなければいけない。想像したよりはるかに難しかった。

練習からの帰り道、柴っちゃんの車に同乗させてもらったとき、その話をしたことがある。柴っちゃんはずっと中継ぎやセットアッパーをこなしてきた、その道のベテランだ。

僕は嘆くようにして言った。

「中継ぎって難しいよね、ほんとに尊敬するよ」

「そうですか？　僕はずっと中継ぎだから慣れているのかもしれないですけど……」

「いやいや、先発は自分で試合の空気を作れるでしょ。でも、中継ぎは前のピッチャーが作った空気の中で投げなきゃいけない。グラウンドに入った瞬間にその空気を感じて、それを壊さないようにしながら結果を出す。すごいよ。オレ、よく考えてみたらこれまでの人生で中継ぎってやったことがなかったんだよね」

「そこは経験なのかもしれないですね」

柴田ちゃんはいつでも僕の悩みや、ときに愚痴になってしまうようなことも、受け入れて聞いてくれる。こんな年上のおっさんに、NPBを経験した人が気を使ってくれるんだから、本当にありがたかった。

正直に言えば、ここのところは「苦悩の日々」だ。

アウトひとつ取れないような状況や、結果を出せないという現実、技術的なこと、体力的なことなど、まだまだ足りない部分がたくさんあることを痛感する。

試合が終わって、まっすぐ家に帰宅すると午前1時近いこともあるし、グラウンド整備やベンチの片づけなど、雑務まですべてを選手全員で行っている独立リーグは野球だけをやればいい、という世界ではない。野球をする体力以外の、メンタル的な体力とでもいえばいいのだろうか、そんなものもギリギリだった。

そして――覚悟してきたことだけれど、芸人としての収入がないことは、経済的にもギリギリだったりする。

月給は15万円。実はこれでももらえているほうだった。選手によってはもっと少ない人もいたし、練習生にいたっては3万円しかもらえない。でも、これもまた、愛媛マンダリンパイレーツはいいほうで、ほかのチームの練習生は給料がない。みんな寮に暮らしながら、シーズンの合間にアルバイトをしたり、親に仕送りをしてもらいながらやりくりしているのだ。夢を追うっていうことは、それくらい簡単じゃない。

僕の場合は、年齢的なことを考えて15万円という配慮をしてもらった。ただ、事務所に所属していることで手取りは８万円台だった。加えて、球団から一人暮らしを勧められていて松山にも家を借りていたこと、東京にも家があることなど、もろもろの諸経費だけで毎月赤字だった。ときどき、現実にふっと戻り、貯金を切り崩す毎日に、言いようのない不安に襲われることがあった。

でも、いつも考えた。

だからこそ、ここで結果を残さなければ意味がない。来た意味がないんだ。苦しいとき、いつも思い返す言葉がある。

「一度生きると書いて一生。動き出さなきゃ何も見えてこない！」

与えられた場所で結果を出そう。

チームに正念場がやってきたのは、失意の登板から３日後のことだ。

前日、首位をし烈に争う徳島インディゴソックスに４対０と完勝をして迎えた第２戦。

試合は、愛媛マンダリンパイレーツのペースで進み2対0で8回を迎えた。

8回表、愛媛マンダリンパイレーツのピッチャーリッキーが先頭の9番打者にフォアボールを出し、1、2番を打ち取るも3、4番にまたフォアボール。ツーアウト満塁となってピッチャーが高ちゃん（高原和弘）に代わる。打席には5番の張泰山《ちゃんたいざん》が入った。

知る人ぞ知る、台湾野球界のスーパースター。台湾リーグ歴代通算最多安打（2134本）、最多本塁打（289本）、最多打点（1338打点）の記録を持つ彼もまた40歳を迎える2016年から徳島インディゴソックスに加入をしていた。ワンボールワンストライクとなった後の3球目、張泰山の打球はスタンドへ吸い込まれていく。

逆転満塁ホームラン……。

悪い流れは続き、9回表にもヒットやエラー、フォアボールが絡み4失点。チームはそのまま2対8で敗れた。

勝ち試合が一転、悪夢のような大量失点での敗戦にチームの士気は下がった。継投に関して、チーム内でも意見が割れていて、それをうまく解消できないまま迎えた翌日。高知ファイティングドック戦を1対7で、日をまたいで再び首位決戦、徳島インディゴソックス戦を5対9で落とし、そのまま3連敗。首位から陥落した。

「優勝は厳しいかもしれない」

ネガティブな雰囲気がチームに蔓延していた。数週間前、あれほど監督が「連敗をしないように」と言っていたのに、ひとつのプレーでこんなにも流れは簡単に変わる。

首位の座を徳島インディゴソックスに明け渡し、なかなか明るい話題が見つからない。停滞した雰囲気の中で、僕に何ができるのか。ベンチで声を出し、戻ってきた選手の話を聞いたりしながら考えていた。

4連敗を阻止したい5月17日。首位を争う徳島インディゴソックスとの試合前に、突然キャプテンの鶴ちゃんが声を掛けてきた。鶴ちゃんは2013年からこのチームでプレーし、キャッチャーとしても僕の球を受けてくれるチームの要だ。

「そうすけさん、声出しをやってくれませんか？」

「え、オレ？」

「はい。ちょっと流れを変えたいんで」

試合前、選手たちは必ず円陣を組んで、誰かがちょっとした話をし、みんなで声を合わせる。気持ちをひとつにするためだ。愛媛マンダリンパイレーツの場合は、キャプテンの鶴ちゃんが開幕からその役目を担っていた。

快諾した。試合に出られるか出られないか分からないような立ち位置だったけれど、だからこそ見えるものがあるんじゃないかと思ったからだ。

試合前、円陣で僕は「ベンチから見た景色」について話をさせてもらった。

「ベンチから見ると負けている間は、後手後手に回っているように見えた。何事も先手が大事。攻めることが大事だと思う。攻撃はもちろん、守備でも攻めていこう。受け身になったらダメ。勝とう！」

「よっしゃー！」

みんなの声が重なる。

誰もが今日で連敗を止めたい、と思っている。そうでなければ前期優勝はなくなってしまう、と。

試合は投手陣、守備陣が踏ん張った。2対0の快勝。試合後、チームメイトの小田（健太）ちゃんが言ってくれた。

「そうすけさんの言葉、言われてみればそうだなって思いました」

ベンチにいてもできることはある。自分の役割を、存在意義を少し見出した気がした。

この一勝が呼び水になり、以降は5戦で3勝1敗1分け。僕の声出しは負けるまで続いた。そして、5月25日。優勝マジック3が点灯する――この試合がすごかった。

チームの雰囲気は数週間前と変わって、とても良かった。

0・5ゲーム差で徳島インディゴソックスを追いかけていた僕たちにとって最後の天王山。

相手の先発投手は、NPBの読売ジャイアンツ入りが噂されていた左投げのガブリエル・ガルシア（この後、実際にジャイアンツに入団した）。

一方、僕ら愛媛マンダリンパイレーツの先発は佐藤宏樹。キレのいいスライダーが持ち味のプロ注目の右腕だ。

ガルシアは防御率が0点台だったし、佐藤も前半戦主戦として投げていたから接戦が予想されたのだけれど、試合は思わぬ進み方をした。僕たちが2回に2点を先制するとすぐ裏の3回に5点を返され、4回僕たちが3点を取り同点、6回に逆転と6対5。しかし、7回に再逆転され、僕らがその裏に追いつく。まさにシーソーゲームだ。

9回。僕らはサヨナラで8対7の勝利を収めた。マジックが点灯した瞬間だった。

7回に逆転された時点で二度のリードをひっくり返されたわけだけど、チームに焦りはなかった。ベンチからすごく声が出ていて、安心感があった。

この試合で首位を取り戻した僕たちは、5月28日、デーゲームで高知ファイティングドッグスに8対3で勝利し、マジック1とし、ナイトゲームで行われる徳島インディゴソックスの結果を待った。徳島が負ければ僕らの前期優勝が決まるのだ。

みんなで球団事務所に集まり、吉報を待ったのだけど……そこはテレビ放送がほとんどない独立リーグ。この試合も例外ではなく僕らが待ち焦がれ、眺め続けたのは、テレビ画面ではなく、携帯電話の速報サイトだった。

「まだ徳島、負けています」

そして……田室ゼネラルマネージャーの携帯が鳴った。「徳島が負けた」――優勝が決まった瞬間、歓声が上がった。

みんなで喜びを分かち合い、胴上げが行われる。

弓岡監督、加藤コーチ、荻原コーチ、伊藤トレーナー、キャプテンの鶴ちゃん、副キャプテンの東風平《こちんだ》、四ツ谷《よや》と続き、最後に僕が指名された。

「サブロク、お前も胴上げしてもらえ！」

監督の一声だ。

「え、マジですか⁉」

あまりにうれしくて、喜び勇んで輪の中央に向かい両手を挙げてスタンバイする。

みんなが一斉に、

「わーっしょい！　わっしょい！」

と声をあげた。

「うわーい！」

と声をあげる僕は宙に浮いて……おらず、選手たちはただバンザイをするだけで誰も僕を持ち上げようとしていなかった。ドテー！

アドリブだったらしい。

なんて高度なボケをこの瞬間に……。

こういう雰囲気が、愛媛マンダリンパイレーツの良さだと思った。最後まで、僕は胴上げされなかったのはちょっと不服だったのだけど（笑）。

聞くと、愛媛マンダリンパイレーツが前期優勝を果たしたのは球団史上初だという。僕が入った年に初めての偉業を成し遂げることができたことは、よりいっそう喜びをより強くしてくれた。もし今年、結果が出ていなければ「芸人なんかを取っているからだ」と言われるかもしれない。僕自身は、自分の挑戦を卑下するようなところはなかったけれど、そう思うかもしれない人がいることは想像できたし、そういう声は耳に入っていた。だから、勝ったという事実は僕にとってものすごく大きかった。

チームの調子が良かったり悪かったりしていたこの一カ月。僕の気持ちもずいぶんと良かったり、悪かったりしていた。技術的な悩みもそうだったけど、それ以上に悩んでいたのが「ここいる」ことの意味だった。

歓喜の輪の中でふと、昨日のことを思い出していた。

※

携帯電話を取り出し、メモ帳を開く。

日付を入れ、今日の出来事を振り返った。

『5月27日（金）
18時から坊ちゃんスタジアムで、香川オリーブガイナーズとの試合！
13時20分に集合し、14時からウォーミングアップ、キャッチボール、コンディショニングをやりゲームへ！
初回から先制し、デニングのホームラン等で追加点も上げそのまま9対3で逃げ切り勝ち！

徳島は高知とのダブルヘッダーだったが、２連勝し、愛媛はマジックを1つ減らしてマジック2に！

残り2試合。

ただ試合後僕は悩んでいた。

本当にここに来て良かったのか…

点差が開いてもなかなか登板させてもらえない苦悩。

優勝がかかっているから仕方ないかもしれないが、僕はここへ何をしに来たのか…

芸能と野球の両立と言っていたが、シーズン中は基本的には野球ばかりの生活だ。

なのになかなか投げる事が出来ていない。

本当にこれで良いのか…

チームは調子良いが、自分は悩むばかりだ。』

一気に打ち込むと、続けて「僕」と打つ。予測変換で、すぐにその言葉は出てきた。

『僕の登板はなし』

そのままタップした。

5月8日の登板以降、僕にマウンドに上がるチャンスはやってきていなかった。優勝争いの真っただ中だし、自分の力不足で力になれないことはとても悔しかった。声を出したり、練習を盛り上げたりとできることはたくさんある。けれど、やっぱりマウンドの結果で、マウンドの姿勢でチームの助けになるような選手でありたかった。「芸人のくせに」と思われても、そこにこだわりがあった。

ちゃんとした戦力として、球団に恩返しがしたい。

今日も試合中ずっとブルペンにいた。

キャッチャーミットをめがけて、強くボールを投げ込む。試合を横目に見ながらいつも「今日は登板があるかな、あってほしいな」と願っている。

ブルペンで肩を作り、いつでもいける準備をしていても声が掛からない。もちろん、自分の実力は理解しているつもりだし、チームは勝利のために戦っているのだから、投げられないのは仕方がない。

それでも、チームが大量得点差をつけて勝っているときに声がかからない、マウンドに上げてもらってもすぐに交代をさせられてしまう、という現実に「何をしに愛媛に来たんだろう」と悩んでしまう。貴重な経験をさせてもらっている一方で、どんどん追い込まれている自分がいた。

正直に言えば、たくさんの人に自分のわがままをとおしてこの愛媛にいることに後悔すら覚えた。

「相方に迷惑をかけてここにきたのに……」

「事務所に無理を言って挑戦させてもらったのに…」

個人的にスポンサー契約をしてくれる人もいた。

野球をやらせてほしい、とお願いして四国に来たのに、僕は野球をしていないのだ。迷惑を掛けた人たちに顔向けができない、そんな感情が込み上げてきて、この挑戦が正解だったのかどうか分からなくなった。

この日の帰り道、車で送ってくれる柴っちゃんについ愚痴がこぼれた。

「何点差あったら投げさせてもらえるかなあ」

柴っちゃんは、やさしく言ってくれた。

「もう少しの我慢ですよ。それよりスローカーブじゃなくて、スローボールでもいいんじゃないですか？　覚えるの」

このとき僕が取り組んでいたのは、より遅い球の習得で、それがスローカーブだった。ここまでストレートの最速が123キロの僕が勝ち残っていくには、その123キロをいかに速くみせるかがポイントだったからだ。でも、なかなかうまく投げられない。

「あ、そうだよね」

遅い〝変化球〟、ということしか頭になかった僕に、目から鱗のアドバイスだった。そして、今振り返ると愚痴をとてもきれいにいなすナイススルーでもあった。

「投げる、投げない」は采配であり、首脳陣の判断であることは分かっている。

実際、チームは僕のことをいろいろと考えてくれていて、例えばピンチを迎えたらすぐ交代になることも、勝負に徹していることはもちろん、逆転されてしまえば僕にもっと大きなショックを与えてしまうだろうという配慮があった。

けれど、ピッチャーとして「マウンドに立ちたい」という思いは、それに勝る、たぶんチームの誰より、強いものがあったように思う。それをはっきりと意識する日々だった。

「実力がないのだから仕方ないだろう」

そのとおりだ。でも、それを自覚していればいるほど、マウンドに上がりたかった。

「少しでもマウンド経験を積みたい」

「ピッチャーとして成長したい」

「チームに貢献できるピッチャーでいたい」

「マウンドに立ち続けられる存在でありたい」

――携帯のメモ帳を振り返りながら、ずいぶん長い間「僕の登板なし」と書き続けたことに悔しさがこみ上げてきた。数えると20日間、登板がなかった。

「明日は優勝が決まるかもしれない一日。明日もないだろうな……」

優勝に向かう一日とは思えないテンションで、今朝を迎えていた。

※

「そうすけさん、優勝おめでとうー！」

みんなの声ではっと我に返った。

「前を向くしかない。優勝できて本当に良かった」

こんな経験が40歳でできることを改めて喜ぼう。

前期優勝とはいえ、NPBのようにビールかけや大きな祝勝会があるわけではない。明日も試合があるため、事務所でひととおり盛り上がると、めいめい帰宅した。優勝の喜びと、登板のない葛藤。一挙に押し寄せてきた感情の波の中で、僕は眠りについた。

翌日の前期最終戦となる香川オリーブガイナーズとの試合。中21日を経て、ようやくマウンドに上がることができた。2回を投げて1失点。相変わらず先頭バッターをフォアボールで出してしまった。全然改善できていない課題。多いに反省すべきところだ。一方で、手応えもあった。特に、香川の3番バッターで、ジャイアンツの育成枠で指名されたこともある（怪我で辞退）松澤裕介選手との対戦。シュートで打ち取ったサードフライに、生き残る術が見えたような気がした。

前期の僕の最終成績は、5試合に登板、2回3分の2を投げて被安打6で4四球、自責点2。防御率は6・75。

この悔しい思いを糧に、前に前に進んでいきたい。40歳だってできるんだ、ってことをみせたい。僕の「プロ前半戦」は終わった。

6月上旬、都内のチェーン居酒屋。

「せっかくチャンスをもらってフォアボールはダメですよ」

少しお酒の入った友人は顔を赤らめて言った。

分かっている、それは分かっているんだ……。僕は答えた。

「そうなんだよ……でもこれねえ、あるんだよ。あるんだっていろいろ。打たれるのが怖いっていうのもあるし、厳しいコースついたらボールになっちゃうし……」
「そうすけさん、シングルヒットを打たれるのはＯＫっていつも言っていますけど、やっぱりいざマウンドに上がると打たれるのが怖い、と思うものなんですね。やっぱりそれはピッチャーの宿命みたいなものですか？」
「あるよ、出てくるんだよ、そんな気持ちが」

前期日程が終わり、後期日程が始まるのが７月31日。それまでの約２カ月、四国アイランドリーグはリーグ戦がお休みとなる。その代わり、リーグの有望な選手を選抜し、約３週間北米の独立リーグ・キャンナム・リーグの６球団と公式戦として19試合を戦う遠征を行っていた。

僕はそのメンバーには選ばれず、愛媛で練習やトレーニング、練習試合をする日々を送っている。

東京に仕事があるときは、練習を休ませてもらって芸人としての仕事をしたり、全国各地でイベントに出たりもしている。これまで散々「二刀流」と言ってきたけれど、実はほとんど野球漬けの生活で「ふつうに一刀流だよこれ」なんて思うこともあったから、少しバランスが取れたかな……。

この日は、久しぶりの東京で、仕事終わりに友人と食事をしていた。野球好きの友人は、僕の挑戦に興味津々の様子で、いろいろと四国アイランドリーグのことや、チームのこと、僕の成績などを聞いてくる。そんなときに出たのが「フォアボールはダメですよ」の一言だった。

四国アイランドリーグに来てから思うことは、つくづくピッチャーというポジションは面白い、そして難しいということだ。

正確に言えば、ポジションというよりは、ピッチャーをやりたいと思う人、マウンドに上がりたいと強く願う人、かもしれない。

正直に言って今の僕のピッチャーとしての実力は周りに劣っている。40歳だし、この20年以上硬式ボールを触ってもいない。毎日硬式練習をしてきた20歳以上若い選手たちにかなうわけがない。

何を当たり前な、と言われそうだけど、そんな事実を理解していたとしても、ピッチャーとして絶対に周りに負けたくないと思う僕がいる。

「この点差なら、俺に任せてくれ！」とか、「前回打たれたからこのバッターにリベンジをしたい」とかいう気持ちが試合中にむくむくと湧き起こってくる。

一方でマウンドに上がったら上がったで、やってはいけない、と分かっているミスをおかしたりする。前期、何度も「フォアボール」を出してしまった。バッターに対して向かっていっているつもりでも、マウンドで結果を出したい、次のチャンスを掴みたい、という気持ちがピッチャーの感覚を狂わせるのだ。

だから、こうして友人に「ダメですよ」と言われても、「分かってる。分かっているんだけど……」という言葉しか出てこないのだ。

偉そうに言えば、ピッチャーをやったことがある人しか分からない気持ちなのだろうか、と思ったりもする。

上がりたいと願い続けるマウンド。

上がったらなかなか自分を出せないマウンド。

酒席も終わり、帰り際に友人が言った。

「後期は観にいくから、頑張ってくださいね」

この言葉が僕を支えている。明日は、また愛媛に戻る。

いつもどおり、バイクにまたがりグラウンドへ向かう。

「今日も、練習乗り切れるかなあ……PP10本はこなしたいなあ……」

グラウンドまでの道のりはいつもちょっと憂鬱だ。東京から松山に帰ってまだ2日。ちょっと体を動かす量が減るだけで、練習に戻るとしんどさは倍増する。これでも練習はだいぶついていけるようになっていて、ランニング系のメニューもチームメイトと同じ量をこなせるようになっていた。でも、きついものはきつい。なかでもPP――ポール間走、はしんどかった。

ノルマは106本。試合で四死球もしくはカウントがスリーボールノーストライクになると1本ずつ追加されていく投手全体のペナルティだ。各自ができるタイミングで、シーズン中に走りきらなければならない。愛媛マンダリンパイレーツからも北米遠征に7人が選ばれていたから、いつもより少ないメンバーで行う練習の寂しさに加え、このPPは本当に僕を憂鬱にさせた。

グラウンドに到着し、監督とコーチが控えている部屋に向かう。挨拶をするためだ。

「おはようございます」

監督と目が合った。

「おはよう。８月20日、お前にプレゼントするよ」

突然の言葉に、思わず僕は「ありがとうございます！」と答えていた。

なぜだろう、すぐに先発のことだと分かった。

前期日程に優勝したことで、チャンピオンシップシリーズへの出場が決まり、頭の中に「もしかすると」という思いがあったのかもしれないし、それくらい望んでいたのかもしれない。

びっくりはしたけれど、ものすごくうれしかった。

「その１試合、思う存分にやってこい」

その日はウキウキしていた。まだ誰にも言っちゃいけないと言われていたから、内緒にするのが大変だった。誰にも言えないでいると、だんだん「うれしい」だけじゃない、責任みたいなものも生まれてきた。

冷静に考えれば監督としても、とても重大な決断だ。監督は、勝ち負けの責任の一切を負う存在である。もちろん、選手もそうだけど、監督へのプレッシャーはその比ではないだろう。

結果を残しているとは言いがたい僕を先発させて、もし無様なピッチングをしてしまったら？

負けてしまったら――？

投げた僕だけではなく、それを決めた監督までが非難されてしまう。

そう思ったら、がぜん「監督を男にしたい」「後悔させないピッチングをしたい」という思いが湧いてきた。

うれしさとかいう、個人的な感情だけじゃない、戦う責任みたいなもので、連帯感に近いかもしれない。

ＰＰのノルマをようやく終えて家に帰り、ほっとしたのもつかの間。出かける準備をした。今日は加藤コーチ、萩原コーチとすっかりなじみになった『一八』で食事をする日だった。

『一八』で、先発を発表するのは1カ月後の7月7日だと聞かされた。そして、釘を刺された。

『先頭バッターをフォアボールで出さないこと』

『はい、分かってます』

そんな話をしているところで、店のドアが開いて、弓岡監督が入ってきた。

「おう」

初めて監督と食事をする。緊張感が増した。

「今まで、頑張ってくれたから。20日の試合はお前にやるよ」

監督の言葉が胸に染みた。

どの選手も頑張っている。僕はチームにも貢献できていないし、もともと登板も少ない。そんな状況に愚痴を言ってしまったこともある。でも、監督は見てくれていたのだ。

チームの思いも感じた。

先発を発表する7月7日は、登板日より1カ月も前の予告になる。ふだんは前日に発表される予告先発をこれだけ早いタイミングですることは、球場に多くの人に足を運んでほしいという思いもあるはずだ。40歳のおじさんのピッチングを見に来てくれる人がいるのかどうか分からないけれど、でも僕のチームへの貢献というのはそういうところにもあるはずだ。直接言われたわけではなかったけれど、できるだけ多くの人に来てもらいたいと思った。

40歳、中年芸人だけれど、野球選手として何か感じることのできるマウンドにしよう。

第6章 ―― 初先発と優勝

分かってはいるけれど……というジレンマに陥ってしまう。これは本当に不思議で、心ではそうするつもりでも、体がどこか怖がってしまっているんだろうと思う。

「簡単じゃないなあ、難しいなあ」

そう感じるこの頃なのである。

後期日程開幕に向け、中断期間で行われた練習試合に3回の登板機会があった。その3試合、僕はすべてで先頭バッターを出塁させていた。1試合目はフォアボール。2試合目はデッドボール、3試合目はフォアボール……。

2カ月あった中断期間ももうすぐ終わり、後期日程が始まろうとしている。焦り始めていた。

この中断期間中、僕は超スローカーブに加え、ピッチングフォームを微調整したり、ストレートに磨きをかけたりと、新しいことに取り組んできた。

何より「先頭バッターをフォアボールで出さない」。この大きな課題をクリアするために、まずはブルペンに数多く入って投げ込み、フォームを固めていった。この2カ月で100球以上を投げ込んだ。

基本的にフォアボールが多くなってしまうときというのは、変化球のコントロールが悪いときだ。だから変化球を投げ込み、フォームを固めて、しっかりとコントロールできるようにする。そして後期日程の場でそれを少しずつ実戦したいと考えていた。

チームメイトで、台湾代表としても活躍した陽《よう》（建福《けんふく》）――僕はヤンちゃんと呼んでいた――投手はいつもアドバイスをくれた。キャッチボール相手もしてくれるヤンちゃんは、言葉は通じないけれど、身振り手振りで僕にフォームについて助言をくれた。37歳と歳が近いこともあり、その一つひとつが本当にためになる。

その効果か、最近ストレートが以前より伸びるようになってきた。8月20日の先発まで、できることをしっかりとやる。目標がはっきりしている分だけ気持ちは充実していたのだけれど……そんな気持ちもあっさりと打ち砕かれる日々が続いた。

7月21日に行われた高知ファイティングドックとの練習試合のことだ。

初めて先発を任されたこの試合、僕は3つの目標を掲げていた。

1・先頭バッターを出さない

2・三振をひとつ取る

3・先発の責任イニングである5回を投げる

三振というのは自身の成長のバロメーターみたいなものだから、そこまで強く意識していなかったのだけれど、1と3はなんとしてでも達成したかった。というか、達成しなければいけないものだった。

試合内容を振り返ると、初回はショートゴロ、フォアボール、ショートゴロゲッツー。何とか先頭バッターを打ち取る。ここまでは良かったけれど、二回からがひどかった。連続フォアボールにデッドボールでノーアウト満塁にするとファーストゴロ、センター犠牲フライで2点を失ってしまった。三回はレフトフライ、セカンドフライ、フォアボール、セカンドフライ。ここで降板。

二回は先頭バッターを出してしまっただけでなく、それがフォアボールというもっともやってはいけない形。

「なんでこんなにフォアボールを出しちゃうんだろう……」

高校時代はノーコンだった僕も、草野球ではフォアボールを連発することなんてなかった。どんどんストライクを取っていけた。レベルが違うのだから当たり前——とはいえ、一度できていたことが、急にできない自分に、不安が募るばかりだった。

「ヒットは一本も打たれてないですからね」

チームメイトは慰めてくれても、それが余計にむなしかった。

9つのアウトのうち8つがストレート。試合前のブルペンで受けてくれていたキャッチャーの佐藤（秀平）ちゃんも「前より、ストレートが全然良くなりました」と言ってくれている。体重も入団前より10キロ増え（食べ過ぎじゃないことを祈っている）、パワーがついて来たのかもしれない。

でも……「先頭バッターを出していたらなんの意味もない」——まったく改善されない自分に、あきれるしかなかった。

公式戦初先発まで残された時間は少ない。チームの勝利のために。いや、同世代のみんなに少しでも「やればできるんだ」「若い人たちにも負けないんだぞ」という部分を見せたい。そのためにもこのくらいの課題はクリアしなければ……。

大量失点をしたような気持ちだった。

僕自身は不安だらけのまま、後期日程が始まった。

チームは主砲・デニングの退団もあり、攻撃力低下は避けられない状況で、投手陣の奮起がいっそう求められていた。

この日まで、学んだことは本当にたくさんあった。

特に、野球界の最先端でプレーしている人たちが基本というものをどれだけ大事にしているのかを、僕はここ独立リーグで知った。逆を言えば、それだけ基本を徹底し続けることは難しい、ということでもあるのだろう。一流の選手たちですらそうなのだから、僕にすればもっとだ。

弓岡監督は、阪急ブレーブスでショートとして活躍した選手だった。小柄ながらも俊足巧打で、ゴールデングラブ賞を2度獲得。オールスターゲームに出場したこともある。現役時代から僕でも名前は知っている。

監督は僕の先発を、「お前に1日をやる。出し切ってこい」と男気溢れる言葉で伝えくれたのだけれど、この言葉に象徴されるように、昔気質の熱い方だ。

怒るときは怒る。

褒めるときは褒める。

そのメリハリがあるし、何より「基本」について一番よく話をされる。監督自身、現役時代に右打ちや、バントなど基本が大事となるプレーをコツコツとやってこられた方だから、そうした意識が強いのかもしれない。僕自身の経験で言えば、この独立リーグ以外で、帝京高校時代がもっともレベルの高い野球をやらせてもらっていた時期になるのだろうけど、そのときのチームはとにかく打って打って打ちまくる、イケイケの野球をしていた。だからまったく逆のタイプのチーム、指導に触れることができていて、この歳でまた新たな野球を知れたという喜びがある。

後期日程が始まる前、弓岡監督は僕たち選手にミーティングでこんな言葉を掛けてくれた。チームは、前期優勝の立役者、四番で精神的支柱でもあったデニングが退団して後期からいなくなることになり、打撃面での不安が指摘されていた。

「われわれは一番練習をしているチームだ。そのことに自信を持っていこう。これだけ振り込んできたのだから、間違いなくデニングの穴は埋められる。山場は９連戦、頑張っていこう」

その９連戦のラスト２試合目が僕の先発の日だ。チームの期待に応えられるよう、監督の男気に報えるよう、しっかりと「基本」を大事にやっていこう。

時間はあっという間に過ぎていき、8月20日の僕の先発の日まで一週間となった。周囲には「楽しみ」と言ってはいたものの、内心は焦っていた。

先週の7日には後期日程で初めて公式戦のマウンドに上がった。香川オリーブガイナーズ戦、4対7と3点ビハインドの8回裏。なんとか0点に抑えて味方の反撃ムードを作りたかったのだけれど、また先頭バッターをデッドボールで出してしまった。

意識しすぎているのか、技術が足りないのか……本当に自分が嫌になる。

結局、2安打を打たれ1回1失点。点差を広げる形で最終回につなげることになってしまい試合も4対8で負けてしまう。

本格的に合流してから6カ月以上が経つのに、指導されていることが守れない。いつも声を掛けてくれるみんなに申し訳ない思いばかりが募る。

「基本もできてないよ」

情けなくて泣きそうだった。

この日以来、チームメイトもいろいろとアドバイスをくれた。ブルペンに入れば、「バッターボックスに立ちましょうか?」と買って出てくれる白方（克弥）や、スタメンにもかかわらず、投球を受けてくれる鶴ちゃん。ヤンちゃんは変わらず気になったことがあれば指摘してくれ、柴っちゃんは話を聞いてくれた。

僕はと言えば、寝る前に必ずイメージトレーニングをした。

松山坊ちゃんスタジアムのちょっと高いマウンド。バックネットまでの距離。夏の暑い日。初球にストライクを取って……。一番は右バッター。二番は左バッター……。対戦相手である香川のスタメンはある程度固定されていて、左バッターが多い傾向にあったから、それもふまえて左バッターへのシミュレーションは入念に行った。なるべくいいイメージだけをするよう心がける。

時々、坊ちゃんスタジアムで打ち込まれたことが脳裏をよぎる。前回の登板はワンアウトも取れなかったのだ。

こうして、不安を抱きながら、僕の初登板はやってきた。

8月20日16時、坊っちゃんスタジアム。

最高気温36℃の、暑い日差しが照り付ける中で緊張と、喜びが混ざり合う40歳の「芸人」

が「夢」の舞台に立っている。

野球選手にとってマウンドは「夢」。

「夢のマウンド」とはよく言うけれど、試合中、ひとりしか、ほかの選手より、いや球場にいる誰よりも、あの高い位置にいることはできない、特別な場所だ。

自分の一球がこれから始まる戦いの火ぶたを切る。

ふわふわしていた。緊張もここまでくると、もう感じないのかもしれない。ただひとつ、「なんか今日は全部が近いぞ」――そんなふうに感じる。

試合前にもう一度、相手チームのおさらいをした。はっきりと思い浮かべたのは2日前の柴っちゃんのピッチングだった。いつもは抑えや中継ぎで投げている柴っちゃんだけど、チームが9連戦の真っただ中ということもあって、この日だけ先発の役割を任されていて、同じ香川を相手に圧巻の完封勝利を成し遂げていた。僕は偶然にもバックネット裏でチャートを書く担当だった。チャート係は、相手打者の傾向や、ストロングポイント、ウィークポイントを書いてチームに提出する。2日後に対戦する香川の選手の傾向を見ることができたのはとてもいいタイミングだった。

でもそんなデータ以上に役立ったのが、柴っちゃんのマウンドでのメンタルだった。普段は中継ぎの柴っちゃんは初回からどんどん飛ばしていた。１５０キロに迫る速球で相手をねじ伏せ、１５７球を投げての完封。

中継ぎから先発へと違う役割を任され、何がなんでも最後まで投げる——それは、チームが連戦でほかのピッチャーが苦しい時期だということを理解していたからで——その姿に、マウンドに臨む気持ちの大事さを感じたのだ。

試合前、東京から来ていた事務所の後輩芸人の古賀シュウと、相方のやまうっちゃんが始球式をしてくれた。古賀シュウがバッターボックスにやまうっちゃんがマウンドに。言葉は交わさなくても隣にいるやまうっちゃんの存在が僕の緊張をほぐしてくれた。

「プレイボール」

球審の声が上がると、周りの声が消えた。

ただ、いつもより近いバッターとキャッチャーと野手と、スタンドと……それしか目に入らなかった。

最大のポイントは初回、それも先頭バッターだった。

初球は変化球が外れてボール。

僕が「先頭バッターをフォアボールで出す」イメージはチームメイトにもベンチの監督やコーチにもある。だから、ひとつのボールが大きなボールに感じられてしまう。

2球目はストレートでストライク。

3球目をショートゴロ。

良かった……。ほっとした。ひとつ壁を乗り越えた。

と思ったのがいけなかったのか、2番バッターに3ボール2ストライクからフォアボールを出してしまった。

「やってしまった……」

正直、焦った。平静を装いながら、切り替えようと努める。3番バッターの2球目。盗塁を試みたランナーをキャッチャーの鶴ちゃんが完璧な送球でアウト。ツーアウト。仮にセーフだったらワンアウト2塁だったところが、一気にツーアウトランナーなしになった。

この瞬間にふわっと視界が開けた。

「僕には一流の野手がついているんだ。どんどん打たせていこう」

気持ちのゆとりが一気に出てくるようだった。続く三番打者をライトフライに打ち取ると、ここからはもう楽しくて仕方がなくなっていた。

初回に味方が一点を先制してくれていたから1対0という僅差で試合は進んでいた。この間、マウンドにいる僕は打たれる気がしなかった。最速は123キロのストレート。そこにツーシームやカットボール、カーブを加え、何より有効だったのがスローボール。90キロ台のそれを見せ球に鶴ちゃんがうまく配球してくれていたし、自分の中でも、スローボールの次はストレートで打ち取れる、という確信のようなものが芽生えてきていた。相手投手は140キロを超えるボールをどんどん投げ込んでいても打たれていたのに、野球って面白い。

2回を三者凡退で討ち取ると、3回も三者凡退。課題の先頭バッターを一回も出さず、序盤戦を終えることができた。

4回のマウンドでは足が攣っている感覚があった。でも、それを凌駕するほど精神的に充実していた。

「行ける。気にならない……」

スタンドの声も何も聞こえない。自分とチームメイトとの充実した一体感があった。サードのポロは三塁線の打球を飛びついて好捕しアウトにしてくれたし、ファーストの井生（広大）ちゃんはデッドボールを受けた後で脚が痛いにも関わらず強い打球を体で止めてくれた。ほかにも、僕の後ろには、打球が飛んでこようとこまいと、僕の一球一球にスタートの構えを取り、「飛んで来い。絶対アウトにする」と準備してくれるチームメイトがいた。4回も三者凡退で討ち取り、5回のマウンドへ向かう。0点でしのげば勝ち投手の権利が手に入る。

握力が少しずつなくなっていたのだけれど、気持ちが勝り気になるほどではなかった。先頭の四番バッターをセカンドフライに打ち取りワンアウト。五番は何度も対戦してきた松澤（裕介）選手。追い込んでからファールで10球粘られ、結局この試合ふたつめのフォアボールを出してしまう。

「うわっ」

帽子を取り、汗をぬぐった。暑かった。その瞬間、またパッと違う世界が広がった。外の声が聞こえ始めたのだ。

「ボールたれてるぞ！」

「たれてる」というのは、ストレートの勢いがなくなっている、という意味だ。相手やスタンドの野次が耳に入るようになっていた。加藤コーチがマウンドにやってくる。

「もう少しだ、頑張れ」

「はい」

「そうすけさん、あとふたつです。踏ん張りましょう！」

みんなも声をかけてくれる。

肘の張りを感じるようになっていた。暑さもあった。気力を振り絞る。次のバッターをライトフライに打ち取りツーアウト。あとアウトひとつ……。

ただ……限界だった。ここから連続フォアボールを出してしまい、満塁。

加藤コーチがこの回、二度目のマウンドにやってくるのが目に入った。交代だった。

マウンドを降りる際、大きな拍手が聞こえてきた。スタンドに東京から来てくれた相方のやまうっちゃんの姿が見えた。悔しかった。

あとひとり、なんで投げられないんだ俺は——。


その後、タカちゃん（高原和弘）が抑えてくれ、試合は3対1の勝利。4回3分の2を投げた僕は被安打0、失点0、4四球という成績で初めての「夢のマウンド」を終えた。

マウンドを降りたときは悔しかった気持ちも、試合が終わり、チームが勝ったことでポジティブなものに変わりつつあった。あとひとりで降板してしまったところはこれからの課題となったけれど、それは練習をして埋めていくしかない。一方で、「ああ、これで愛媛マンダリンパイレーツの本当の一員になれたかもしれない」と思えるようになった。

今までは全くチームの役に立っていなかった。ベンチで声を出すことはできても、試合に貢献できたことはなかった。今回は、9連戦の8戦目で、かつ首位攻防戦だった。負ければ首位陥落、投手を少しでも休ませたい試合で先発をし、曲がりなりにも勝利に貢献できた、という実感があった。

何より、「先頭バッターを出さない」という課題をクリアできないままでいた僕が、五回あった先頭バッターを全部打ち取ることができた。

「少し、成長したかな……」

この試合、MVPにまで指名してもらい、ヒーローインタビューを受けているとき、スタンドからの「よくやった！」という声と、やまうっちゃんの「かっこよかったぞ！」の一言に、ちょっと胸が詰まった。

試合後の周りの反応は自分の予想をはるかに上回るものだった。

チームメイトの正田ちゃんは、試合後ずっと褒めてくれた。

「あのピッチングは本当にすごかったですよ！　ノーヒットですもん!!」

あまりに褒めてくれるので、ちょっとイジられてる気もした。でもそうやって言い続けてくれることは自信にもなるし、ありがたい。

ずっとアドバイスをし続けてくれたヤンちゃんは『ＬＩＮＥ』をくれた。それもわざわざ翻訳機能を使って……。

『あなたは今日はとてもすばらしいです、あなたのを見て私はとても楽しくて、あなたは大きい進歩があって、苦労した』

突然の『ＬＩＮＥ』のたどたどしい日本語に自然と笑ってしまった。僕も中国語の翻訳機能を使って返信した。

『ヤンちゃんありがとう！　ヤンチャャんのおかげです』

返信もまたぐっとくるものだった。

『私はただ手伝うだけ、あなたは自分で努力したのです』

『シェイシェイ！』

ＮＰＢの選手からもメッセージをもらった。東北楽天ゴールデンイーグルスの藤田一也選手。実は僕のグローブは藤田選手がプレゼントしてくれたものだ。縁があって知り合い、僕の動向を気に掛けてくれていて、先発登板のあとには「ナイスピッチングでした、すごいです！」と連絡までくれた。

翌日には、この日の対戦相手だった徳島インディゴソックスの中島輝士監督が僕のところへわざわざ来てくれた。

「バスの中でチームみんなが、携帯電話で速報を見ながらすごい、ノーヒットだ。これはすごいって言ってたよ。5回はどうしたの？」

「ありがとうございます。いや、握力がもうなくて……」

「そうか、それは仕方ないか。でもこうやってその歳でもできるっていうことを証明してくれた。若い選手はもっとできるんだって思うはずだし、リーグが注目してもらえる。ありがとう」

敵チームではあるけれど四国アイランドリーグの一員だ。そんなことを感じさせる言葉だった。

ファンの声もうれしかった。

入団以降、何より気になっていた愛媛マンダリンパイレーツのファンの思い。

5回まで投げることはできなかったけれど、無失点と試合を作り、チームが勝利したことで、その荷が少し降りた。そして、「この間はナイスピッチング！　次は5回を投げ切れるといいですね！」「希望を与えてくれるピッチングでした！　中年の星なのでこれからも頑張って下さい！」などと声を掛けてもらえたことで、僕自身が勇気をもらえた。こんなことを言ってくるファンもいた。愛媛マンダリンパイレーツを応援して12年。選手とは写真を撮らない、と決めている生粋のファンだ。

「最初は認める気持ちになれなかったんですよ。でも、今日のピッチングを見てファンになりました。一緒に写真を撮ってください」

思えばネットを中心に叩かれたこともあった。「客寄せパンダ」「実力がない」……はっきり言えば僕自身、そんなことは百も承知だ。それでもできるところを見せたいと思ってここまで一生懸命やってきた。何より、たとえ僕がそうであったとしても、その僕がいるせいで愛媛マンダリンパイレーツでプレーするチームメイトや、四国アイランドリーグの選手たちまでもが嫌な気持ちになることを悔しく思っていた。

そうした声を納得させるには結果しかなかった。

思うことがある。

僕の挑戦は、自分だけの夢を追った、身勝手なものだったかもしれない。実際、トライアウトで相澤くんに言われた言葉、「最初は嫌でした」は多くの人が思っていたものだったのだと思う。「認める気にならなかった」ファンだってそれは同じ。

でも、一緒に戦うことで彼らすら歓迎してくれるようになった。

「人は気持ちで動く。動かすことができるんだ」

試合後には、柴っちゃんと食事に行った。

前々日に登板していた柴っちゃんは今日はオフのはずだったのに、わざわざ試合を観にスタンドに来てくれていた。どうやら、一緒に来ていたあまり野球を知らない友人に「ノーヒットのすごさ分かる?」「いや、ほんとにすごいピッチングしてるんだよ?」と力説していたらしい。

柴っちゃん、ありがとう。

「芸人が投げてノーヒットってどんなレベルよ、四国アイランドリーグ」

こんな言葉をネット上で見かけたのは僕が先発してから数日経った頃だった。

ふと、思った。みんなにとって独立リーグってどんな存在なのだろう、と。実は、同じようなことを言われたことがあった。

６月の上旬のことだ。僕らの練習が始まる前、ひめ銀グラウンドを使って草野球をしていたチームのひとりが、

「愛媛マンダリンパイレーツなんてオレでもすぐ入れるよ」

と言ったらしい。らしい、と言うのは直接言われたわけじゃなく、憤っているチームメイトから聞かされたから。それはとてつもなく悲しい言葉だった。

芸人の僕が入っているからそんなことを言ったのだろう、と直感的に思った。悪気はなかったのかもしれない。チームメイトに申し訳ないと思ったし、その言葉を言った人にはぜひ球場に足を運んで試合を観てみてほしいと思った。

だって、四国アイランドリーグには、愛媛マンダリンパイレーツには、想像よりすごい選手たちがいっぱいいるのだから。

僕はピッチャーだからピッチャーのことしか分からないけれど、レベルの高い選手はたくさんいる。１５０キロを投げる人も多く、１４０キロくらいだと「遅い」部類に入ってしまう。加えて、変化球もしっかりとコースに投げ分け、マウンドでの姿は堂々たるものだ。こんなピッチャーたちですら、ＮＰＢにはなかなか入れない。

そしてもっと大変――というより独立リーグでプレーしている人たちをすごいと思うの

はその精神力だ。はっきり言って、独立リーグでプレーをし続けるのは簡単なことではない。もちろん、好きな野球をやれることは幸せだ。でも、それ以上に、ほかの同年代が経験するような「遊ぶ時間」や「遊ぶお金」というものはまったくない。20代前半という、いろいろなことを経験してみたい、と思う時期に、そのすべてを野球につぎ込んでいるのだ。

給料は週3、4回のアルバイトをしたほうが稼げるというくらい少ない。若い選手は寮に暮らして生活費を抑える。その寮だって、決して綺麗なものではない。ムカデが出ても誰も驚かないようなところだ。商売道具であるバットやバッティンググローブだって自腹。一本バットが折れればそのぶん出費がかさむ。

そういう環境で続けることができるのは、本当に野球が好きで、向上心があり、そして精神力が強い人だけだと思う。

僕がここにきて感じるのはそうした続ける力を持つこと、それはすばらしい才能である、ということだ。

もしかしたら、今は野球をやめているけれど、150キロを投げることができる人はいるのかもしれない。ホームランを打てる人はいるのかもしれない。「草野球の彼」は、そうなのかもしれない。

でも、今は１５０キロが投げられないけれど、それを達成するために努力をしている人。今はホームランを打てないけれど、打てるようになるために日々研鑽を積んでいる人。僕はその人たちのほうがよっぽどすごいと思うし、好きだ。

今、この挑戦を続けている独立リーグのみんなを僕は尊敬しているし、誰よりすごい選手たちだと思っている。そんな人が集まったこのリーグの野球がつまらないわけがないのだ。

僕のことを否定するのはかまわない。

でも、四国アイランドリーグや愛媛マンダリンパイレーツを、僕だけを尺度に測ることはやめてほしい。

そんなこともあってネットの中傷を見た僕はちょっと怒っていた。そして、そんな人たちに知ってもらいたい選手がいることを思い出した。独立リーグにある「夢」を背負い、そして四国アイランドリーグの魅力を体現している選手だ。

伴和馬。僕が伴ちゃんと呼んでいる、愛媛マンダリンパイレーツに所属するピッチャーで、トライアウトのときに「湿布」をくれた、あの人だ。

伴ちゃんは1990年2月生まれの26歳。学年で言えば27歳の歳だ。僕からするととても若いけれど、独立リーグではベテランの部類に入る。

その理由は、NPBを夢見ることがいかに高い壁に挑むことかを示している。NPBを目指す中、ライバルは独立リーガーだけではない。高校生や大学、社会人からもたくさんの有望な選手が現れてくる。「夢を追い続ける」という選択肢を取ることはそれくらいしんどい。

そんな中で、伴ちゃんは四国アイランドリーグ所属5年目を迎えている。もっとも長く四国アイランドリーグにいる選手のひとりであり、NPBを経験していない投手としては（僕をのぞいて）最年長選手でもある。

コントロールがものすごく良く、ストレートも145キロに届く。売りはよく動くツーシームで、前期日程も、怪我で出遅れたにも関わらず、先発、中継ぎとフル回転し、正田ちゃんの52回に次ぐ49回を投げ、3勝2敗。優勝に大きく貢献した。

どちらかと言えば、あまり口数が多いほうではない。黙々と打ち込むタイプで、その姿勢からはNPBへの思いをひしひしと感じる。だから、きっとものすごく勉強家なのだろう、体や健康についてもとても詳しい。

トライアウトのときに僕の体を気遣ってくれて以降、チームメイトになってからも「体には気を付けてくださいよ」と、ことあるごとに声を掛けてくれる、とてもいい人だ。

実は伴ちゃん、もともと野手だった。最初に所属した香川オリーブガイナーズ時代に投手に転向したと言う。だからというわけでもないだろうけど、チームの日本人の中でもっとも脚が速い。そしてもっとすごいのは、出場機会があるのならば、ということで代走の準備をしていることだ。シーズン中も、登板機会がない試合の終盤になるとスパイクに履き替え、ベンチの前でダッシュを繰り返している伴ちゃんの姿がある。実際、昨シーズンには出たこともあったらしい。

こうした強い夢への意思がある選手だからファンからもものすごく人気がある。僕もその姿勢を見習っていきたいと強く思わされる選手のひとりだ。

僕には「プロ野球選手になりたい」という夢があり、それをここで叶えてもらった。正確に言えば、途中。一方で、伴ちゃんのように独立リーグでプレーしているほかのメンバーたちには夢の続き、いやもっと大きな夢がある。

NPB。

日本最高のプロ野球を目指すことだ。

愛媛マンダリンパイレーツには正田ちゃんのようにNPBで活躍をした選手もいれば、柴っちゃんやコムタンのように一軍を経験することができなかった選手、ポロのような外国人選手だっている。

彼らの思いだって同じ。もう一度NPBでプレーしたい。

夢を追って分かったことは、大事なことは動き出すことで、動き出さなければいつまでたっても「夢への可能性は0％」だということだ。1％にすること、それがいかに大事で大変か。1％で失敗をしても、得るものは大きい。0％に戻るわけじゃないのだ。

馬鹿にするなよ——。次の登板で絶対に1勝して、批判する人たちを見返してやろうと心に誓った。


「勝ってるかな」

9月初旬、芸人の仕事のため長野県にいた僕は携帯電話で速報を確認していた。

前期日程は野球のある毎日にまだばたばたしていた僕だけど、後期日程は慣れてきたこともあり、あっという間に日々が流れていた。

ホームの試合前、スポンサー横断幕をチームメイト全員で貼り付ける。

練習用のゲージを移動し、グラウンド整備をする。

ソフトバンクホークス三軍とのリーグ戦の後、大分から松山までフェリーで帰ったこともあったし、瀬戸内海に浮かぶいきな島という離島で試合をしたこともあった。いきな島は地元の子どもたちがたくさん観に来てくれていて、「なんかこういう雰囲気って独立リーグっぽくていいなあ」と思ったことをよく覚えている。

僕にとってはすべてが新鮮で、新しい生活のリズムだった。

チームを離れたとき、結果が気になり、速報サイトにアクセスするのもそのひとつ。芸人の仕事で四国を離れる時間がそう多かったわけではないけれど、チームに帯同しないときは30分に一回くらい、速報を見ていた。

優勝争いをしたまま8月を終え、9月にラストスパートをかけるチームは今日も勝っていた。

「戻ってから絶対に戦力になるぞ」

自然と肩を回している僕がいた。

チームに戻って9月7日。

加藤ピッチングコーチがやってきて、「9日、先発で行くぞ」と告げられた。2日後だ。正直ビックリした。基本的に、先発はもう少し早い段階で伝えられる。

ただこの時期、これまで獅子奮迅の活躍を見せていた先発投手陣が、打ち込まれることがあったのも事実だった。前期優勝に続き、後期も首位争いをしていたが、残りのシーズン、先発投手の数が足りないことは想像できた。

そこで、白羽の矢が立ったのだろう。

びっくりしたし、時間がないことは不安だったけれど、一方で「戦力」として認められ始めたのかもしれない、という思いもあった。急な登板であっても、谷間であっても、そういうときにマウンドに立つ存在としての役割を担えるのではないか、という思いだ。

あとから聞いた話では、この先発起用には正田ちゃんの後押しがあったようだ。6日に正山ちゃんとキャッチボールをしたのだけれど、そのときいい球を投げている、と感じたようで、加藤コーチに「昨日、そうすけさん良かったですよ」と、伝えてくれていたらしかった。

いろいろなことがあったから、気合いは十分だった。

前回先発して以降、なかなかコンディションが上がらず、試合はおろかブルペンに入ることも難しかった僕。キャッチボールだけは続けていたが、ブルペンには入れたのは10日後の8月30日のこと。ようやくマウンドに上がれる状態になれたのに、今度は芸人としての仕事でチームを離れた。

体のことも芸人のことも自分の問題だから、チームには迷惑を掛けてしまったとしか言えない。だから、体も少しずつよくなり、チームに戻ってからはなんとかチームに役立てるようなピッチングを見せたい――。

二度目の先発マウンド。敵地に乗り込む一戦、対戦相手は高知ファイティングドックス。チームは、前日に優勝マジック5がついたばかりで、大事な試合だったし、もし打ち込まれでもすれば、「前回の登板はまぐれだった」と言われるかもしれない。プレッシャーはあった。

一方うれしいめぐり合わせもあった。高知ファイティングドックスの先発が丸山投手――彼は、僕と同じトライアウトで合格し入団した選手で、最初は練習生だったものの後期からメンバー入り。その実力を発揮し、好投を続けていた。何より、トライアウト中もっともよく話した選手だったのだ。

お互い負けられない。その試合開始は18時ジャスト。

この日、高知ファイティングドックスは9月9日にちなんで「99円デー」と称し、サワーやビールがすべて99円になるというイベントの日で、外野席以外すべての席がうまっているような、異様な雰囲気を放っていた。

初回から僕の球は荒れていた。先頭バッターをフォアボールで出してしまうと続くバッターに送りバントを決められ、3番バッターを打ち取った後、4番のザックにフォアボール。ピンチを背負う。5番バッターの中村選手をセンターフライに打ち取り、初回をなんとか無失点にしのいだものの2回以降もペースは変わらなかった。スピードも122キロ止まりで変化球もなかなか決まらない。調子がいいとはいえなかった。

ただ、守備陣がすごかった。ライトの白方選手がライト線に飛んだ長打コースの当たりをダイビングキャッチでアウトにしてくれたり、センターの林選手が左中間のヒットをセカンドで刺してアウトにしてくれた。

全員が闘志をむき出しにしてプレーし、盛り立ててくれている。

白方選手はつねづね「そうすけさんに1勝をプレゼントしたい」と言ってくれる、頼もしい存在だ。地元松山商業高校出身。19歳でチーム最年少。僕の初先発でも先制タイムリーを打ち、この試合もファインプレーだけじゃなく、またもや先制タイムリーを打ってくれた。言葉どおりのプレーを見せてくれて、僕に勇気をくれた。
3、4回にチームが一点ずつ取ってくれたことで、少し気持ちにも余裕が生まれていた。4回あたりから腕に痛みが出始めたけれど、リードをもらったことがポジティブに働いた。2対0で迎えた5回のマウンド。これを乗り切れば、勝ち投手の権利を手にすることができる。前回のリベンジが果たせる。しかし——先頭バッターにフォアボール、次打者にデッドボール。ノーアウト1、2塁の大ピンチを作ってしまう。
正直、気持ちは折れかけていた。

「オレはまた、同じことをやってしまうのか……」

タイムがかかり、加藤コーチがマウンドにやってきて言った。

「またかよ。これじゃあ前回と同じだよ」

前回の先発登板でも4回3分の2で無失点のままマウンドを降りていた。ボールの制御が利かず、どうにもならなかった。あの悔しさを晴らしたいと胸に誓ってここまで取り組んできたはずだった。それなのに——前回と同じ。

加藤コーチは続けた。

「乗り越えるんだろ」

ハッとした。

そして次の瞬間に、ビジターにもかかわらず駆けつけてくれたファンの声が耳に飛び込んできた。

「味方を信じて！」

「この回がんばってー！」

「夢をかなえるんだ！」

それまで聞こえてこなかった声とともに周りの風景がすっと入り込んでくる。内野、外野の選手たちが口々に声を張り上げてくれていた。

「そうすけさん、あとひとふん張り、頑張って！」

「打たせてくれれば守ります！」

言葉の力ってすごい。

いや、仲間の力かもしれない。

不安もあったはずなのに、ファンのみんなは背中を押してくれた。

加藤コーチや野手陣も僕の力になってくれた。正田ちゃんの後押しを無碍にしたくなかった。

気持ちが一気に奮い立った。

続く4番バッターをセンターフライに打ち取り、5番バッターをショートゴロゲッツー。僕は5回を投げ切り、勝ち投手の権利を手にしてマウンドを降りた――。

ベンチに戻ると加藤コーチがやって来て言った。

「乗り越えたな」

「ありがとうございます」

握手を交わした右手に熱い思いが溢れていた。

試合は残念ながら終盤に勝ち越しを許し、4対5で敗戦。優勝マジックも消えてしまった。勝利投手がついたのは、7回まで粘りの投球を見せた丸山くんだった。

僕は5回無失点。与四死球が7というのはいただけないけれど、初めて5回を投げ切ることができた。

限界を自分で決めてはいけない。仲間を信じよう。心からそう思えた試合だった。

引き分け以上で後期優勝が決まる9月15日。1対2の劣勢で迎えた9回に同点に追いつき、そのまま2対2で試合が終了。愛媛マンダリンパイレーツは後期優勝を決めた。前期日程はグラウンドで優勝の瞬間を迎えることができなかったけれど、今回は自分たちの手で優勝を決めることができた。こんなにうれしい日は人生でも数えるほどないと思えるほど興奮した。

家に帰ってメモ帳を開いた。

『9月15日（木）

18時からJAバンクで徳島インディゴソックスとの公式戦！

15時からウォーミングアップ、キャッチボール、コンディショニングをやりゲームへ。

今日の登板は無かった。

チームは9回表に1点を奪いなんとか同点に追い付く！

最後は0点で抑えゲームセット！

引き分けで後期の優勝も決めた！

自分が入団した年に、前期・後期ダブル優勝出来てとても幸せだ！

芸人なんか獲るから勝てないんだ！と言われずに良かった！

本当に素晴らしいチームに感謝!!』

もう、『僕の登板はなし』なんてことを書く必要はなかった。ただチームに、チームメイトに感謝の思いでいっぱいだった。

チームは球団史上初の前期、後期のダブル優勝。加えて、ソフトバンク杯というリーグ戦の中に組み込まれている定期交流戦にも優勝していた。残すはチャンピオンシップ。ダブル優勝ということもあって、年間2位の徳島インディゴソックスと3戦先勝のシリーズを行うのみだった。ここで勝ち抜けると、もうひとつの独立リーグ・BCリーグの覇者と戦い独立リーグナンバーワンを決めるグランドチャンピオンシップに進出することになる。

チャンピオンシップは愛媛マンダリンパイレーツの真骨頂だった。前後期を制覇したことで一勝のアドバンテージがあった僕らは、初戦を正田ちゃんの6回2失点の好投で8対4、第2戦を伴ちゃんの5回1失点の好投で2対1。3勝先勝で完全制覇、そして史上初の4冠（前期、後期、ソフトバンク杯、チャンピオンシップ）を決めた。

僕の登板はなかったけれどもチャンピオンシップは独立リーグの醍醐味が良くも悪くも詰まっていて、これ以上ない勉強の場となった。

夢を追うということは、やっぱり大変だし、そのぶん何かが成し遂げられたときには大きな感動がある。

チャンピオンシップは本来であれば9月18、19日の連休で行われるはずだったのだが、2試合とも台風による雨で流れてしまい、20、21日へとずれ込んだ。大変だったのは、対戦相手の徳島インディゴソックスだ。僕らはアドバンテージのため愛媛で試合ができるので大きな支障はない。けれど、徳島インディゴソックスの選手は毎朝、バスでやってくる。それも片道3時間。中止になれば、また同じ時間をかけて帰らなければいけない。それが2日続いた。

試合が行われた20日も愛媛は台風が通り過ぎていたものの、徳島方面はまだ雨が続いており、道路の冠水などからバスの出発が大幅に遅れたらしい。高速道路は通行止めで、一般道で愛媛までやってきた。結局、球場に着いたのは16時半頃。試合開始は18時だから、ほとんど練習をすることができず1戦目を迎えることとなってしまった。

NPBでは前乗りをし、宿泊するなどして対応できるだろうから、こんなことにはならないだろう。独立リーグの厳しさを象徴する数日だった。

そんな逆境の中でも勝利を目指しプレーする徳島インディゴソックスのメンバーに、夢の舞台で輝きたいという強い意志を感じた。

もうひとつ、このシリーズ最後のプレーは、四国アイランドリーグの魅力を象徴していた。

胴上げ投手となった愛媛マンダリンパイレーツのピッチャーがヤンちゃん。最後のバッターは、僕がモノマネもさせてもらっている、こちらも元台湾代表でスター選手でもある張泰山だったのだ。勝負は、ヤンちゃんがファーストフライに打ち取って優勝が決まったのだけれど、異国で活躍するスター選手が真剣勝負を繰り広げるのも独立リーグならではなんじゃないかと思う。

リーグ戦も全日程が終わり、僕の最終成績は０勝０敗。９試合に登板、13回３分の２を投げて、被安打12、与四死球14、自責点３、奪三振１で防御率は１・98となった。数字以上に力の差を感じることが多かったし、野手や首脳陣に助けてもらったと思う。

まだグランドチャンピオンシップが残っているけれど、僕のひとつの夢はこうして終わった。

周りにどう思われるか分からなかったけれど、僕にはやり切ったという気持ちがあった。

つらいことも含めて、すべては挑戦しなければ得られなかったもの。例えば、「僕の今のレベルは全然プロのレベルではない」ということも、挑戦したからこそ実感を伴って分かったことだ。

独立リーグは夢をかなえる場所であり、諦める場所でもある、よくそう言われる。そして、諦めるなら、動いて、挑戦してからのほうがいい、とも。口で言うのは簡単だが、その言葉の意味を自分の肌で感じることができた。

実はチャンピオンシップで優勝を決めた瞬間、僕は来年プレーすることを「諦めた」。これは挑戦したからこそ決断できるポジティブな意味の「諦め」だったと自信を持って言える。

だからこそ――「最後まで、できる限りこのメンバーで試合がしたい。グランドチャンピオンシップで優勝をして笑顔で終えたい」。

相手は、群馬ダイヤモンドペガサスに決まっていた。

ついに僕の夢もクライマックスを迎えようとしていた。

四国アイランドリーグの覇者である僕たちと、BCリーグの覇者、群馬ダイヤモンドペガサスで独立リーグナンバーワンチームを決めるグランドチャンピオンシップ。３戦先勝で行われるシリーズは、初戦、第2戦を10月1、２日に愛媛で、第3～5戦を8日、９日、10日に群馬で行う。僕は初戦、第2戦と芸人時代から長い間お世話になっている毎年の恒例行事があり行けないことになっていた。

最大でも5試合。これが、愛媛マンダリンパイレーツの２０１6年シーズンの終わりであり、僕の「夢」の終わりでもある。

昨シーズンも愛媛マンダリンパイレーツはこのグランドチャンピオンシップに出場し、2連敗の背水の陣から一気に3連勝をして優勝を果たしている。

始まった第1戦、第2戦。僕のいないチームは劇的な勝利を挙げていた。第2戦にいたっては、９回表に2点を加点され、３対0で負けていたところから、最終回の大逆転で4対3のサヨナラ勝利をもぎ取るなど、チームの勢いは最高潮だったらしい。試合後、柴っちゃんから興奮の電話がきた。

「すごかったんですよ！　試合、一緒に体験したかったですよ！」

最後の最後で「二刀流」の難しさを実感しながら、チームメイトの頼もしい戦いぶりに、早く顔が見たい思いだった。

あと1勝でグランドチャンピオン——独立リーグナンバーワンになれる。

愛媛に戻り、練習をこなし、いよいよ群馬へ出発をする日を迎えた。

泣いても笑っても、これで最後。最短で1試合、最大で3試合。いずれにしても、群馬ですべてが終わる。

群馬までは多くの選手がバスで向かう。片道12時間。幸いなことに愛媛マンダリンパイレーツは、年上順に数名が飛行機で行けることになった。僕は最年長だから飛行機組。申し訳ないけれど、おじちゃんだから許してほしい。

最後の夢、8日。

めぐり合わせというのは面白いもので、愛媛マンダリンパイレーツには群馬出身の正田ちゃんがいて、先発が決まっていた。独立リーグは1年ごとの契約更新。来年の愛媛マンダリンパイレーツが今年のメンバーと半分以上違うなんてことは当たり前。それは実績が一番の正田ちゃんだって同じ。

ナンバーワンが掛かった試合で、地元に凱旋登板……見てる人もわくわくするだろう。

何より僕がその雄姿を目に焼き付けたいと思った。そして、本当にお世話になったこのメンバーと最後の野球を有終の美で飾りたい、と。もし登板の機会があれば、どんな汚れ役だってやろうと心に決めていた。

王手をかけて3連勝を狙った第3戦。正田ちゃんの凱旋登板で球場は盛り上がっていた。家族も来ていて、応援の声もすごかった。正田ちゃんは淡々としていた。今から優勝決定戦が行われるというような気負いは一切ない。いつもどおりの正田ちゃん。改めて彼のすごさを見せつけられた気がした。

けれど、野球の神様は残酷だ。カラバイヨ、チャベスと言った元NPB組の強力な「助っ人」に加え、31歳にしてすさまじいパワーを誇る井野口（祐介）選手が3番に入る群馬打線は本当に強力だった。2回7失点KO。僕もその後に登板したのだけれど、1回2失点。流れを変えることはできなかった。

1対13。大敗だった。

次の試合に全員が切り替えているつもりだったけれど、悪い流れは止まらなかった。

4戦目1対3。

勝ったほうが独立リーグナンバーワンとなる最終戦は3対8――2連勝から3連敗。僕らのシーズンは敗北で終わりを迎えた。

負けが決まったあとの愛媛マンダリンパイレーツのメンバーの姿は、十人十色といった様子でそれはとても印象的だった。

群馬が喜んでいる姿を脳裏に焼き付けようとする選手。すぐにダッグアウトへ引き上げる選手。涙を流す選手……。いろいろな思いが去来していたのだろう。

試合後、表彰式をすませるとチームのメンバーが最後のミーティングに顔を揃えた。ふだんであれば、加藤コーチ、荻原コーチそして弓岡監督が最後に話す、というのがお決まりの順番だったけれど、この日は最初から監督が口を開いた。

「残念な結果になったけど、今年1年、まあよう頑張った」

そういうと、続けてポツリと言った。

「涙が出てしまうなあ……」

監督の頬には涙が伝っていて、それを見てチームのメンバーも泣き始めた。一年間、チームを引っ張ってきたキャプテンの鶴ちゃん。独立リーグのチームを束ねるというのは並大抵なことではない。ただのチームではなく、プロを目指すライバルでもあり、個々のレベルアップがもっとも大事だと思う選手もいる。「勝利を目指すために一致団結しよう」という言葉が簡単に通用する集団ではないのだ。

それは良い悪いではなくて、現実であり、夢を追うものたちの思いがあるからこそでもある。

ほかにも中心メンバーだった若い選手たち、白方選手、四戸選手も泣いていた。

「もう、本当にこのメンバーと野球をすることができないんだな」

僕はそこで改めて実感した。

もしかしたら、なんで泣くの？　と思う人もいるかもしれない。高校野球や大学野球のように卒業とともに引退、ということではないのだから、と。

でも、それは違う。独立リーグだからこそ、このメンバーは二度とないのだ。ＮＰＢを目指す中で、選手は一年契約。これから契約更新の話になる。契約更新はうれしいニュースだけれど、素直に喜べるものでもない。それはＮＰＢには行けない、ということも同時に意味するからだ。

そんな状況だから、今年きりでＮＰＢへの挑戦を諦める、と覚悟を決めてシーズンに臨む選手がいれば、来年は違うチームでもっと違うアピールポイントを見出したいという選手もいる。だから来年のチームのメンバーはガラッと変わるだろう。

たくさんの選手が流す涙は、本当にこのチームとはもう野球ができない、という思いからなのだ。

僕は最後に全員と握手をした。今年1年、「40歳のおっさん」を受け入れてくれてありがとう、という思いを伝えたかった。監督室に行って御礼を言うと「よう頑張ってくれました」と言葉を掛けてもらった。

本当にいいチームメイト、指導者、球団に出会えたんだと改めて思い、最後に笑って終われなかったことがまた悔やまれた。

ミーティングが終わり、いよいよお別れ。シーズン終了だった。

正田ちゃんはそのまま数日群馬に残る。

柴っちゃんは一度東京に出る。

松山に向かうバスは行きよりもずいぶん少なくなっていた。ただ、ひとりだけ、行きのバスには乗っていなかった人が乗っていた。

弓岡監督だった。

行きは飛行機で群馬に入った監督は、帰りも飛行機に乗るはずだった。

「乗り換えるの、めんどくさいからいいよ。バスで帰る」

12時間以上かけてバスで愛媛に戻るのは楽ではない。

「めんどくさいなんて嘘で、最後、少しでもみんなといたかったんだろうな」

引退を決めていた僕は、そんなことを思いながら東京へと戻った。

東京に戻ってからの日々は、なんだかあっという間に、一年前の自分の生活に戻った感じがしていた。

今回の挑戦のおかげでちょくちょく取材を受けたりはしたけれど、基本的には芸人として、３６０。モンキーズとして活動をする。大きな仕事があるわけではなかったから、久々のライブに向けて、相方のやまうっちゃんとネタ合わせの日々を送っている。

ひとつだけ、いつもと違ったのは「気になる仲間」が増えたことだ。

グランドチャンピオンシップが終わり、僕の夢は終わったけれど、愛媛マンダリンパイレーツの選手たちにとっての本番は、ここから始まるといっても過言ではなかった。

ＮＰＢドラフト。トライアウト。

それに向けた最後のアピールの場、フェニックスリーグが始まっている。

ＮＰＢが「夢」である彼らの集大成の時期なのだ。

ＮＰＢの各チームが若手選手を中心に行うフェニックスリーグは、独立リーグで唯一、四国アイランドリーグが選抜チームを編成して参加できる。四国アイランドリーグ自体は9月末に終わっており、愛媛マンダリンパイレーツ以外の3チームは、すでにフェニックスリーグに参加していた。変な言い方だけど、グランドチャンピオンシップまで勝ち進んだ愛媛マンダリンパイレーツの選手は、アピールできる期間がほかの選手より短く、「夢」に向けてちょっと不利だ。

努力している選手たちを見ていたから、このシステムには複雑な思いがあった。

「みんなアピールできているかな……」

東京にいながら、ついチームメイトの姿を想像していた。

グランドチャンピオンシップから1週間ほど。

僕は一度、愛媛に戻り練習の手伝いをしたり、身辺整理を始めたりしていた。辞めると決めていて、チームにもそれを伝えていたけれど、その発表をいつにするかはまだ決まっていなかった。

そうこうして10月20日。緊張の1日がやってきた。

こんなに緊張することは人生でもあまりない。初めての舞台か、『細かすぎて伝わらないモノマネ選手権』に出させてもらったときか、愛媛マンダリンパイレーツに来て初先発のときか……。それに匹敵するくらい、落ち着かない日だった。

ドラフトの日なのだ。

運命の指名が始まるのは17時なのに、すでに携帯電話が手放せない。携帯が震えるとすぐに反応してしまう。

今シーズン、愛媛マンダリンパイレーツでプレーをさせてもらい、9試合に登板させてもらった。

先発としても2試合に投げさせてもらい、いずれも勝ち星こそつかなかったけれど無失点でマウンドを降りることができた。初めての先発の試合にはたくさんのスカウトも来ていた……。

緊張しているのは他でもない、チームメイトたちからの吉報を待っているからだ。もちろん、僕を指名してくれる球団があるのであれば、とてもうれしいけれど（笑）。

愛媛マンダリンパイレーツで1シーズンプレーをしてきて、彼らがどれだけの決意を持って、この地に来ているのかを肌で感じた。

高校生や大学生のように次の進路があるわけでなければ、社会人のように企業に就職しているわけでもない。プロになれなければ終わりという世界に、チームメイトたち、そして一緒に戦ってきたほかの3チームの選手たちは、飛び込んできたのだ。

だから彼らにとってはこの日こそが本番なのだ。

もうプレーで見せることはできない。この1年――NPBにかけて懸命にもがいてきた日々――が評価されるのだ。

すべてはNPBのプレイヤーになるために、彼らはここにいるんだ……そんなことをずっと感じていた。

その思いを隣でずっと感じ続けた僕が緊張しないわけがない。

四国アイランドリーグにはたくさんのいい選手がいる。チームメイトにも僕がスカウトだったら猛プッシュしたい選手が揃う。伴（和馬）ちゃんはプロへの熱い思いはほかのどのドラフト1位候補にも負けないと思う。四戸（洋明）投手や佐藤（宏樹）投手はものすごい球を投げていたし、野手陣でも僕の登板する試合好プレーを連発してくれた四ツ谷（良輔）選手や、吉田（圭志）選手、林（敬宏）選手……挙げれば投手、野手きりがないほどいい選手がいる。それは、対戦チームにしても同じだ。

それを知ってもらいたい。

ドラフトが始まり、「愛媛マンダリンパイレーツ」そして「高知ファイティングドックス」「香川オリーブガイナーズ」「徳島インディゴソックス」の名前が呼ばれないか、どきどきしていた。

結果は、ひとりがドラフト6位で阪神タイガースにふたりの選手が育成でＮＰＢへの道を開いた。育成のひとりは何度も対戦した香川オリーブガイナーズの松澤だった。

残念なことに愛媛マンダリンパイレーツで指名された選手はおらず、これでＮＰＢを経験していない愛媛マンダリンパイレーツ所属の選手たちが、２０１７年に「夢」をかなえる可能性はほぼゼロとなった。


1カ月後の11月12日。

僕は甲子園球場にいた。

プロ野球の合同トライアウト。各球団のスカウトが集まり、ＮＰＢ経験者で今12球団に籍を置いていない選手が再び、ＮＰＢへの扉を開くために、その実力を披露する場所だ。

スタンドはものすごい熱気だった。聞くところによると1万人以上のファンが詰め掛けたという。プロ野球という華やかな世界に再び挑戦する、そのストーリーは多くの人の夢のストーリーでもあるのだな、と思った。

今回、僕が甲子園に向かった理由はテレビ番組の企画のひとつで、それも愛媛マンダリンパイレーツのチームメイトが受けに行っていたからだ。その選手とは、（北方）悠誠とコムタン（古村）。ふたりとも、横浜ベイスターズ（現在のＤｅＮＡベイスターズ）に指名され、将来を嘱望された投手だ。

北方投手はベイスターズに在籍した当時、ウィンターリーグで１５８キロを記録したこともある速球派。愛媛マンダリンパイレーツでも軽々と１５０キロを超す球を投げる姿に、何度も「すごいなあ……」と唸らされてきた。コムタンは左投げで、スライダーがいい。今シーズン26試合に登板して防御率０・80と圧倒的な結果を残してきた。

ふたりともなんとかいいアピールをしてプロの世界へ再び舞い戻り、活躍してほしい。そんなふうに願いながらグラウンドを見つめていた。

投手の場合、トライアウトで投げられるのは３打席と決まっている。そして結果だけを見れば、ふたりとも素晴らしいピッチングだった。

「なんとか声が掛かるといいな」

トライアウトが終わって、ふたりとそんな話をしたけれど……結果はダメだった。

高きハードル、高き「夢」。僕にとっては独立リーグですらものすごいレベルだと思っていたのに、そんな中で活躍した選手でさえも翻弄される世界。改めてプロのすごさ、そしてトライアウトという現実の難しさを感じさせられた。

ふたりは来年も愛媛マンダリンパイレーツでプレーをする。

そのマンダリンパイレーツは、弓岡監督が退任しＮＰＢへ、加藤コーチがアルビレックス新潟の監督になることになった。キャプテンの鶴ちゃん、柴っちゃんは引退。伴ちゃんはプロを目指し、台湾リーグのテストを受けるという。

夢に終わりを告げた人もいれば、まだまだ夢を追いかける人がいる。

たとえかなわなかったとしても、挑戦をしたことで得た経験は何物にも変えられない貴重なものとなっている。それは僕が一番よく理解している。

明日がどうなるかなんて誰も分からない。

ただ、自分に挑戦する意思があるかないか。それに向かって実際に動き出すかどうか、それだけだ。

第7章——証言

投手コーチ加藤博人(現・アルビレックス新潟監督)

僕はリーグの発足時から四国アイランドリーグに参加させてもらっています。最初は香川オリーブガイナーズ、次に徳島インディゴソックス。途中、東京ヤクルトスワローズで2年間コーチをさせてもらいましたけど、その後もまた四国アイランドリーグに戻って愛媛マンダリンパイレーツのコーチをさせてもらったので、延べ9年このリーグにお世話になったことになります。

その間、たくさんの人たちの情熱を感じてきました。立ち上げ時の石毛宏典さんの思い、所属する選手の思い、支援してくれる企業や自治体の思い……。発足時は、トライアウトに1600人も受けにきた。

みんなそれぞれに夢を持って、夢に向かっていました。それは今も変わりません。

忘れられない選手はたくさんいますが、今、ヤクルトで活躍している三輪(正義)選手は思い出深いですね。軟式野球をやっていた彼は、トライアウトを経て香川オリーブガイナーズに入った。小柄だけど人一倍努力家でした。今だから話せますけど、そのせいで近隣から苦情が出たこともあります。独立リーグは12月に給料が出ない。生活のためにアルバイトをしなければいけないからなかなか練習時間が取れない。だから家のそばで夜に練習をしていたんでしょう。近隣から「夜に壁当てをしていてうるさい人がいる」と（笑）。自分の守るポジションを誰よりグラウンド整備していたこともよく覚えています。

独立リーグはそういう夢を追う選手たちがたくさんいるんです。

そうすけが参加するトライアウトリーグをやっていたとき、僕はアメリカのトライアウトを見に行っていました。帰国をしたら、３６０。モンキーズのそうすけが受けていますって報告を受けた。お笑い芸人さんとしては知っていたので、「どのくらい投げられるんだろう」っていうのが最初の印象です。

ただ一方で、その気持ちは買いたい、と思いました。そうすけも「同じ世代に夢を与えられる存在になりたい」ってよく言っていましたけど、本当にそのとおり。人に夢を与えられるってすごいことです。可能性は無限大で、やりたいと思ったらできないことはないんだ、年齢は関係ないんだ、ってところを示そうとしてくれた、その思いには共感しました。彼も夢を追う選手だったわけです。

それで、実際に見て、すぐに弓岡監督に「サブロク獲りますよ」という話をさせてもらいました。監督も同じように感じてくれたのかどうか、それは分からないですけど「ああ、いいよ」と快諾でした。

もちろん、最初に見た印象で、いきなりチームを勝たせてくれるピッチャーになれると思ったわけじゃありません。むしろ、悪い言い方になってしまうけれど、負けている試合やワンポイントでの起用になるだろうと思いました。それも大事な役目ですけれどね。

それが最終的には先発をして5イニング目まで投げて、しかもノーヒットに抑えるピッチングができて、チームの勝利に貢献するピッチャーにまでになった。

何より、それまでの登板でそうすけは8割以上の確率で先頭バッターを出していた。それもほとんどが打たれたわけじゃない、四死球です。なんとかその課題をクリアしようと、ワインドアップにしようとか、メンタル面を改善しようとか、試行錯誤して、結果、初めての先発で1回も先頭バッターを出さなかったわけです。素晴らしいことじゃないですか。ものすごい成長だと思います。

実は、あの試合3回をノーヒット、無失点で抑えた時点で監督が「そろそろ代えようか」と言ってきたんです。でも僕にそのつもりはなかった。そもそも監督は「頑張ってきたから、そうすけに試合をやるよ、任せたよ」と言っていたんだし、ましてやノーヒットに抑えているわけですから。「任せるって言ったのに、これで代えてしまったら本人も納得いかないと思います。続投させてください」と伝えたんです。

結果的にあとワンアウトのところで交代でしたけれど、よくやったと思います。監督があとから「すまん、(あまりにいいピッチングで、勝てるチャンスが高まったから)欲が出ちゃったよ」って言ってきたんですけど、それくらい周りの人をびっくりさせた。結果で示してくれた。

ただね、満足してもらってはいけないとも思っていますよ。そうすけは、言葉は情熱的だけど、まだまだできる。動ける。一歩を踏み出せる。そう思っています。

あ、あとひとつ。あの先発登板のあと、ヒーローインタビューを受けることになったそうすけに、「二刀流なんだからしっかり笑わせて来いよ」って言ったんですけどね、全然おもしろいことを言わなかった。それは直してもらわないと(笑)。

チームメイト　柴田健斗（引退）

僕はそうすけさんの付き人でしたね（笑）。

一番一緒にいる時間が長かったんじゃないかな。試合がある日の帰りは僕の車でいつも一緒……そうすけさんは車を持っていなかったですからね。

そうすけさんが四国アイランドリーグに来るって聞いて、「ふざけた気持ちで来るんじゃないか」とネガティブに感じた人がいると聞いたこともありますけど、僕自身はそういう感覚はありませんでした。独立リーグにはいろんな夢の形があっていいんじゃないかな、と思うからです。

僕自身、ＮＰＢで何もできなかった、このままで野球を終えたくないという気持ちがあって四国アイランドリーグの門を叩きました。もちろんできるのであればＮＰＢに復帰したいという思いもありました。ただ、実際にＮＰＢを経験していたので、「今の自分では復帰できない。スピードも技術も足りない」と思いながらプレーした1年でもあった。ある意味で「最後の場所」を探してここに辿り着いたのかもしれません。独立リーグにはそういういろんな形の夢、というか……目的があっていいと思ったんです。

実際、そうすけさんは野球をやるときになると真剣な顔に変わりましたから。

印象に残っているのは、車の中でのある日の会話ですね。5月末、優勝争いの真っただ中で、そうすけさんにほとんど登板機会がなかったときです。たまに投げても結果が出なくて、登板間隔も空いて……「あーあ、何しに来ているんだろうなあ、愛媛に」って、そうすけさんがものすごいまじめなトーンで言ったんです。「相方に無理を言ってまで来ているのにな」って。ふだんは明るいのに心の底から出てきた気持ちのような気がして、そうすけさんもいろいろな思いを持ってここに来ているんだな、と感じたことをよく覚えています。僕自身もチームの勝利になかなか貢献できていない時期であの車中はとても暗かった（笑）。

そうすけさんが初めての先発する日、僕は完全休養日だったので、球場に顔を出す必要はなかったんですけど、ずっと一緒にいさせてもらっていたし、いろんな話もさせてもらっていたので、見に行かなければ、という思いでスタンドへ出向きました。正直に言えば「そうすけさんの先発なんて一生ないだろうな」という思いもあって（笑）。だから、この初先発のあとにも先発の機会を得られるなんて思いませんでした。しかもそこで5回を投げ切るなんてことは想像もできなかった。

初先発のときはもう祈っていましたね。

なんとかあとひとり投げきってくれ、って。

あの日は本当にすごかったです。

抑えられた要因はストライクを取れたことにあったと思います。結局、ストライクを取らないことには打球は前に飛ばない。ストライクを取れば、何かが起きる可能性があるし、バッターも手を出さなければいけない。初先発のあの試合は、今まで見たそうすけさんの登板の中でも一番、ぽんぽんストライクが取れていました。加えて、120キロくらいのストレートと、手元で動く球、そして90キロの緩い球。バッターは打てそうで打てない感覚になってとてもイライラしたと思います。

僕がNPBで結果が出なかった理由も、そうすけさんが最初結果を出せなかった理由と同じでした。先頭バッターにフォアボールを出してしまって、悪い流れが続いていく。次の登板でそれだけはやめようと思っていても、またやってしまう……。メンタル的なものなんだと思うんですけど、ひとつのボールで、「あ、またやってしまうかも」って自分を追い込んでしまうというか……。

そういう経験をしていたからこそ、それを乗り越えたそうすけさんには「すごいなあ」と思いました。

ふだんのそうすけさんを見ても、全部同じレベルで一生懸命だと感じます。野球はもちろん、芸人としての仕事も同じくらい一生懸命で手を抜かない。そして謙虚ですよね。「自分はみんなより年上だけど、野球に関しては全然レベルが及ばないから」ってなんでも吸収しようとする。

僕にとっては出会えて良かった「人としての先輩」という感じでした。これからもいろいろと話したり、食事ができたらいいなと思います。

キャプテン　鶴田都貴(引退)

僕に独立リーグは「プロだ」という感覚はありませんでした。そういう肩書きはもらえますけど、実際にここにいたらそういうふうには思えない。自分たちで準備をして、掃除、整備、バス移動、球場ではないような広場みたいなところで公式戦をすることもある。だからこそ、この独立リーグで勘違いをするような人はいないと思うんです。

それがあるから、というわけではないですけど、そうすけさんが来るって聞いたとき「挑戦することはすごい」と思ったけれど、「入るんだったらまじめにやってもわないと」「チームメイトになるんだったら勝利に貢献できるピッチャーじゃなきゃ困る」と思ったことは事実でした。

いざ、初めてボールを受けたときの印象は……正直に言って勝ち試合は厳しいだろうなというものでした。ただ、目指すところは明確になりました。ストライクをしっかり先行させて、緩急を使う。まさにそれを体現したのが初先発で、ここまでのピッチングができるようになるとは、という思いでしたね。

何より、やればできるんだって思わせてくれたことが大きかったです。おじさんですけど（笑）、練習を頑張れば抑えられる。若い子は特にそういうことを強く感じたと思うし、僕自身ももっと頑張ろうと思えました。

シーズン中に声出しをお願いしたこともあります。

これは――ちょっとおこがましい言い方になるかもしれませんが――シーズン前のキャンプから、そうすけさんの練習での姿勢とか、チームの中での立ち位置とかを見ていて、もしチームが停滞するようなことがあったら、お願いしようと決めていたことでした。実力だけでみれば、そうすけさんが多くの試合に登板することは難しいだろうと予想できたので、チーム内での役割というかポジションを作ってあげたいという思いもありましたし、なんといっても明るくするのに長けた人でしたから。

お願いしたあのタイミング、チームの調子が悪くてみんな元気がなかったんですけど、あの人だけめちゃくちゃ元気だったんですね。というか、いつも元気なんです、ベンチで（笑）。

僕たち選手って打てなかったり、守れなかったりするとどうしてもふさぎこんでしまうところがあります。それが悪循環になってしまうんです。

でも芸人さんって――これは想像も入ってしまうので間違っていたら申し訳ないのですが――すべっても、すべっても笑わせなければいけない、という仕事じゃないですか。それってすごく大変なことで、そうすけさんもそういう苦労を経験されているのかな、と思いました。だからいつも明るいんじゃないか、と。

そういうそうすけさんに声出しをお願いすることでチーム全体がいい方向に乗っかっていけるんじゃないかなあと漠然とした思いがあって「僕ではなかなか雰囲気を変えられないので、お願いします」と言ってやってもらったんです。

実際、そのあとチームは勝ち続けて優勝することができました。

やって良かったと思いましたね。チーム全体が明るくなりましたから。それはこのときに限った話ではなくて、そうすけさんが入ったことで、明るい雰囲気がシーズンをとおしてできたと思います。

チームの中での立ち位置としても、ちょっといじられ役みたいなことを受け入れてくれました。あえて「そうすけさんのギャグでは笑わないよ」みたいな雰囲気がチーム内にあって、みんなそれでうまく気分転換できていた。ほかにもそうすけさんの頭を触ってゲンを担いだり気分転換をする選手がいたり、雰囲気作りに貢献してくださいました。キャプテンとしては、そういう部分で特に助けられた。本当に感謝しています。

チームメイト　伴和馬（所属未定）

野球が好きなんですよね、僕。それってなんでなんですかね。小学校から今までずっと続けているんですけど、僕の感覚としては逆で、みんななんでこんなに好きなことを辞めちゃうんだろうって思う。大学の頃、野球部の先輩から「いつまで野球をやるつもり？」って聞かれたとき、「体が動くうちはやりたいです」って答えたことをすごく覚えているんですけど、その感覚は今も変わりません。

もちろん、ジレンマや葛藤もあります。投げやりになるようなこともないわけじゃない。でもそれってふつうに働いている方でもあることだと思うんです。僕が、長い間――確かに生活は厳しいかもしれないですけど――野球を続けているからといって特別なことだとは思いません。

僕にとって野球は生きがいで、ＮＰＢは純粋に憧れの場所。だから簡単に諦めることがないのかもしれません。

僕はトライアウトリーグに強化指定選手として派遣されていたので、そうすけさんが来るというのは知っていました。「イースラー」のモノマネが大好きだったんで、どんな人なのかな、と思ってはいましたけど、どちらかと言えば「どこまで本気なんだろう」「何を思って受けに来るのかな」というのが率直な感想でした。単純な疑問ですね。

トライアウトリーグのとき、最初にキャッチボールをしたのが僕なんです。体力テストの日だったんですけど、相手もいなさそうで、しかもちょっと緊張した様子だったから「やりますか？」って声を掛けて。そしたら想像よりはるかにピッチャーらしい、いい球を投げていて、キャッチボールなら僕よりうまいな、って思いましたね。僕、ピッチャーなんですけどキャッチボールが苦手で（笑）。

そういうこともあって、そうすけさんのことはちょっと気にかけて見ていました。そうすけさんが、僕がトライアウトリーグで湿布をあげたことを覚えていてくれて、シーズン中に連載していたコラムに書いてくれたことがあったんですけど、そのことも覚えています。年齢や今までの生活習慣をに考えると、トライアウトリーグの一週間、あのボリュームで試合と練習をするのは相当きついだろうなと思っていて、案の定、肩や肘をさすっていたから、持ってきていた予備の湿布を「良かったら使ってください」と渡しただけなんですけどね。

マウンドでの表情はとても真剣だったんで、結果を出したいという部分では本気であることが伝わってきました。ただ、楽し過ぎたのかどうか分からないですけど、ちょっと饒舌過ぎて、おちゃらけ要素が強いと感じた人もいました。そのイメージは、愛媛に来てチームメイトになってから一カ月くらいは僕自身にもありましたね。実際にそうすけさん自身がそう思っていたわけではないと思うんですけど、ミスをしても笑っているような部分――なぜミスしたのかを追求して改善していく姿勢みたいなものがあまり感じられなかった。

でも、愛媛マンダリンパイレーツの選手として生活していくうちに変わられたと思います。前期日程が終わる頃には、それを感じるようなことはほとんどなかったですし、オンとオフがしっかりしている人だったんだな、と思うようになりました。

ちょっと上から目線の物言いになってしまって申し訳ないんですけど、僕の中でそうすけさんが、「芸人・杉浦双亮」ではなく、「アイランドリーガー・杉浦双亮」になったという感覚です。

あと、そうすけさんのすごいところは、例えば僕らが技術指導とまではいかなくても、こうしたらいいんじゃないですか、と本人に伝えても全然嫌な顔をせず聞いてくれるところです。誰だって、年齢がひと回り以上下の人間にそういうことを言われていい気はしないじゃないですか。でもきちんと聞いて、会話をしてくれるところは、ものすごく謙虚で、すごい人だなあと思いました。

そうすけさんに出会えて改めて、好きでいることの大事さや、自分が好きなことを好きと言える大切さを学んだ気がします。それって当たり前のことなのかもしれないですけど、今の世の中ってなかなかそれを表現しづらいじゃないですか。素直にそれを表現できるそうすけさんに背中を押してもらえた部分はあると思います。

僕はまだまだ上のレベルでやりたいという思いがあります。現実的に考えれば僕の年齢で、ＮＰＢはかなり厳しいかもしれないけれど、台湾でもマイナーでも、可能性がある限り挑戦したい。ちょっとずつ良くなってきている感覚もあるんです。

リスクを取らなければ成功をしない。そうすけさんから教えられたことでもあるから、もうちょっと頑張りたいと思います。

相方　山内崇（３６０°モンキーズ）

トライアウトを受けることを聞いたのは、10月頭くらいだったと思うので、受験の一カ月前くらいですかね。僕自身、独立リーグという名前は聞いたことがあったんですけど、詳しいことは知らなかったので、最初の印象は、話題作りとしてはいいんじゃないかな、と思った程度でした。話題作りと感じたのは、僕らのコンビもそのときで19年目を迎えていて、何か変えていかなきゃいけない時期だという共通認識があったからです。その後よくよく聞いていくと、かなり真剣に受けるんだってことが分かってきたんですけど、それでも「確かに野球は好きだしな」くらいの軽い感じでした。

というのもまず１００％受からないと思っていましたから（笑）。

それが「あれ、これはちょっと風向きが変わったぞ」と思ったのが「Ｙａｈｏｏ！ニュース」でした。自宅にいて、なんとなくＹａｈｏｏ！ニュースを見ていたら相方の名前があって、なんだろうって見ると「トライアウトに合格した」って書いてあって……「ええっ！」って。「受かるんだ！」って思って、ツイッターに「相方が合格した」と書いた。それからは「受かって行かないという選択肢はないよな」と思い複雑な心境になりましたね。

まず受かったことは純粋にすごいと思いました。これは「オレも頑張ろうって勇気づけられる人もいるだろうな」と思いましたし、規模は違うけれど「中年の星・黒田博樹か」みたいな感覚です。

一方で、じゃあコンビはどうするんだろうという不安もありました。僕まで愛媛に行ったって仕方がないですからね。

最終的には、受かってしまったものは仕方がないから応援するしかないと腹をくくりました。コンビとして19年もやっているんだから、一年間離れることがマイナスだとは思わなかったですし、自分は自分で同じように何か新しいものを見せられるチャンスと捉えようと前向きに考えるようにしました。

ただ実際離れてみると、相当きつかったですね。今までひとりでやるっていう経験がほとんどなかった――R-1に出たことは何回かはあったんですけど――から、いろいろ挑戦はしてみたんですけど、どれもしっくりこなかった。これまで相方にすごく助けられてきたんだということを痛感しました。生かしてもらっていたんだな、って。

シーズン中はほとんど連絡も取らなかったです。結果はブログを見て分かりましたから、頑張っているというのは知っていましたけど、そのぶん、オレは何をやっているんだっていう焦りみたいなものも生まれてきて。

後半は特に、杉浦が活躍をして、その試合を観に行ったりもしたんですけど「良かったね」って声は掛けるんですけど、それは間違いなく本心ではあったんですけど、自分が結果を出せていないから、申し訳ないっていう思いが本当に強かったです。これをチャンスにしなきゃいけない年齢なのに、それができていないという……。

ちなみに、ホーム開幕戦で投げる姿を見ることができずに帰京したんですが、「もう1回残ってよ」と言われたのに帰ったのは、本当に仕事の打ち合わせがあったから。僕も新しいことにチャレンジしなきゃと改めて思ったからです。

この1年に関しては、本当にありがとう、お疲れさまでしたという言葉しかない。しんどかったと思うけれど、本当に良く頑張ったな、と。今年は勝負の年だと思っています。コンビで、本気になって頑張っていきたいと思います。

SARU

第8章 ― 挑戦の意味

愛媛マンダリンパイレーツを退団することを発表してから数日が経った。

こうやって本を作る機会をもらったり、取材を受けたりして改めていろいろな思いが胸の内を去来する。

この挑戦がきっかけで知らなかったことを知ることもできた。

例えば、父親のこと。

両親は、開幕戦と先発登板の日に住んでいる栃木からわざわざ駆けつけてくれた。愛媛に住んでいる姉と一緒にスタンドから応援をしてくれて、それはとても心強かったし、なんとしてもいい結果を残したいと思わせてくれた。知らないことを知ったのは、その観戦の際に、地元・愛媛のテレビ取材に対して話していたことだ。父親はテレビの前でこんなことを言っていた。

「高校の頃、僕もプロ野球選手になりたいと思って野球をやっていたんだけど、肩を壊して諦めた。その夢をそうすけに託したんです。そしたら息子は『お父さんがそう望んでいたんだったら、オレはどんなことがあってもプロ野球選手になる』って言ってくれた。こうやって時間は経ったけど、それがかなって……プロになったたって聞いたときは涙が止まらなかった」

自分がそんなことを言っていたとは……。覚えていなかったけれど、父親の夢を追っていたからこそ「プロ野球選手になりたい」といつも心のどこかに、その気持ちを持ち続けていたのかもしれないと思った。

父親の思いも、昔の記憶も、こうやって動いてみなければ知ることができなかったはずだ。

チームメイトへの思いも日に日に強くなっていく。

もう一緒にプレーすることがない面々。たった1年だけ野球をしただけなのに、彼らの記憶は強烈だ。

僕が初めて先発をした日。1対0で勝っている状況で、4回3分の2で降板してしまったあとに、ツーアウト満塁のピンチを見事に切り抜けてくれた高ちゃん（高原）。大学卒業後「プロになりたい」という思いが捨てきれず、四国アイランドリーグにやってきて3シーズン目の彼は、今シーズン中断期間中に肩を痛め練習生となっていた。ベンチ入りメンバーに復帰したのが、僕の初先発をした8月20日だった。

そんな中でのいきなりの好投。

実はこのとき、再び肩を痛めていたらしい。翌日も登板をするなど、何事もなかったように仕事をこなしていた高ちゃんだけど、痛み止めを飲むなど体は限界だったようだ。

忘れられない光景を目にしたのはその10日後、8月31日。試合で打ち込まれ、5失点を喫した高ちゃんがベンチで人目もはばからず泣いていた。そして翌日。高ちゃんは自ら、退団を申し出た。

それを聞いたとき、本当にびっくりした。

最終的に選手登録は外れたものの、チームのサポート役としてシーズンの終わりまでを一緒に過ごすことができたのだけれど、僕は高ちゃんの姿に、独立リーグにかける選手たちがギリギリの精神状態で、なんとか強い意思を持って高い壁に挑もうとしている現実を知った気がする。

ヤンちゃんは、台湾に戻って現役を引退した。

最終日、ヤンちゃんからチームのグループラインにメッセージがきた。『愛媛マンダリンパイレーツの皆さん』と題されたそのメッセージにはとても熱い言葉が並んでいた。

『さようならと言わないですみません。私は別れることが嫌いです、泣いたら恥ずかしいですね』、『私にとってマンダリンパイレーツは正真正銘の日本一、最高なチームです』。

翻訳機能を使ったたどたどしい日本語が、僕にはとても強い言葉に感じられた。知らない土地にやってきたヤンちゃん。見渡せば、10以上年下の選手ばかりと、そこにひとり混じっている123キロしか投げられない中年。びっくりしたと思う。

そんな僕に、本当に親切にアドバイスをしてくれた。ダメだと思う動作をすると「NO、NO！」と大きくゼスチャーをして、正しい動作を何度も何度も繰り返してくれる。僕にアドバイスをしてもヤンちゃんには何の得もないはずなのに、言葉が伝わらず嫌にもなりそうなのに、そんなそぶりは一切見せなかった。

正田ちゃんや柴っちゃんとはちょくちょく連絡を取っている。まだ現役を続ける正田ちゃんにはもう一度NPBに行く、という夢を絶対にかなえてほしい。そうすれば、この独立リーグが本当に素晴らしいものであること、誰も想像しなかった夢を体現する場所であることが証明できる。

柴っちゃんは新たな道を模索中。あれだけ人に優しくできる柴っちゃんのことだから、どんなことがあっても、うまくやっていけるだろう。

振り返って思い返すのは、そんなシーンばかりで、僕自身の挑戦はちっぽけなものかもしれないけれど、「夢」を追いかけ、思いを共有してきたチームメイトたちのことをついついいとおしく感じる。

そうそう、40歳のこの体を一シーズン一生懸命ケアをしてくれた伊藤トレーナーは、今シーズンから西武ライオンズで仕事をすることになった。裏方さんにもＮＰＢへの道がある。これが独立リーグでもある。


「来年はもうできないかな」

そう思ったのがグランドチャンピオンシップ前のこと。

1勝をする、という目標を達成できていなかったからやりたい気持ちもあった。それを応援してくれているファンの人たちの顔も浮かんだ。けれど、現実的にもう1年できるほど生活力も体力もなかった。あの練習をもう一回やろうと思える気力も残っていなかった。

何より、芸人として芸能界で生き残っていくことも考えなければいけない。野球と同じで、甘い世界ではない。僕がいくら野球に一生懸命取り組んでいても、その間、お笑いに一生懸命取り組んでいる人たちがいるのだ。

その覚悟が必要だ。

自分が戦うべき世界に戻らなくては。

僕の挑戦は成功だったのだろうか。

その答えは、これからの僕にかかっているように思う。

相方のやまうっちゃんには、たくさんの迷惑をかけたから、これからは一緒になって、覚悟を持って３６０。モンキーズとしての挑戦をしていきたい。芸歴が20年目だからってできないことはない。それは、自分自身が今回の挑戦を経て、はっきりと分かったことだ。

気をつけなければいけないのは、一年間ちょっと鍛えすぎたせいもあって「ツッコミが痛い」と言われること。

シーズンを怪我なく過ごすことができたのに、相方を怪我させてしまっては意味がないから。

エピローグ

『最速123キロ、僕は40歳でプロ野球に挑戦した』を読んでくださりありがとうございました。いろいろあった1年を駆け足で紹介していくような形になってしまいました。すみません。

ただ、ここまで書いてきてはっきりと言えることがあります。それは、40歳であってもコツコツとやれば少しずつでも成長できるということです。そしてそうやってコツコツやっていくときに大事なことは「気持ち」だということ。

不思議なもので、「気持ち」で動くと、相手が変わってくれる。気持ちで応えてくれる。

僕の挑戦は、多くの独立リーガーにとって、野球ファンにとって歓迎されないものだったかもしれません。

野球を舐めているのか、と思う人もいたでしょう。

でも、本当にプロになりたい一心で、気持ちだけは負けないようにやってきたことで、少しずつですが認めてくれる人たちが増えてきました。

この本を読んでくれたみなさんが、少しでも同じような気持ちになってくれればこんなにうれしいことはありません。

最後になりましたが、愛媛マンダリンパイレーツ球団のみなさん、そしてチームメイト、弓岡監督、加藤コーチ、荻原コーチ、伊藤トレーナー。いろいろ至らない僕を我慢して支えてくれてありがとうございました。

姉夫婦には近くに住んでいることもあり、心身ともに本当にお世話になりました。何度ご馳走になったことか……。ありがとうございました。

太田プロダクションのみなさん、マネージャーの本間さんにもいろいろと迷惑をかけました。相方のやまうっちゃん、待っててくれて本当にありがとう。これから頑張ろう。

愛媛マンダリンパイレーツファンのみなさん。大きな声援をありがとう！　また、会いたいです。

２０１７年１月　サブロク双亮あらため３６０。モンキーズそうすけ

対談・正田樹

「独立リーグでプレーするということ」

そうすけ　四国アイランドリーグに挑戦するって知ったのはいつだった？

正田　どうだったかな……、トライアウトが終わってからだったですかね。（トライアウトに）参加している芸人さんがいるっていうのは聞いた記憶がありますけど、ちゃんと知ったのはその後だったような気がします。受験者数少なかったですよね？　去年。

そうすけ　10人だったね。

正田　今年からなくなりましたもん。

そうすけ　え、そうなの？　今年も受けようと思っていたから危なかった！

正田　どういうことですか？

そうすけ　いや、受験したときね、さすがにすぐに合格をもらえると思ってなかったから、まず一回受けて、足りないところを一年間トレーニングして克服してまた受けよう、本番は今年のトライアウトリーグだ、って思っていたのよ。あやうく、1年トレーニングしただけで挑戦が終わるとこだったよ。

正田　そうなんですか。それはすごいなあ。タイミング良かったですね。

そうすけ　危なかったー（笑）。

正田　ははは。でも実は、360。モンキーズというコンビは知らなくて、そうさん（そうすけ）だけは知っていた。とんねるずの『細かすぎて』で見たことがあったので。ただ、正直そのくらいの知識でしたね。あれ以外に何かあります？　テレビで。

そうすけ　ちょっと！　ちょいちょいはあるよ（笑）！

正田　すみません（笑）。でも、かな

正田樹（しょうだ・いつき）
愛媛マンダリンパイレーツ所属の投手。1981年11月3日生まれ、群馬県出身。桐生第一高校で夏の甲子園優勝。2000年にドラフト1位で北海道日本ハムファイターズ入団、2002年には9勝をあげ新人王を獲得。2007年に阪神タイガースに移籍、2009年以降、台湾プロ野球・興農ブルズ、2011年メジャーリーグ・ボストン・レッドソックス（マイナー）、独立リーグ・新潟アルビレックスBCを経て、2012年シーズンからNPB・東京ヤクルトスワローズに復帰。2013年に戦力外となり翌2014年より台湾プロ野球Lamigoモンキーズ、シーズン途中から現チーム。

り真剣に草野球をやっているっていう話は出ていましたよ。耳にしたのはトライアウトの後だったと思いますけど、それこそチームメイトにも厳しく言うくらい、草野球にも全力の人だって。

そうすけ　どこ情報だろう、それ（笑）。

正田　誰から聞いたんだろう……トライアウトを手伝っていた選手ですかね？　そのくらいしか話をする人が思い浮かばないから。

そうすけ　まあ、それはね、オレあんまりテレビで観ないからね！

正田　あ、根に持ってる！

そうすけ　ははははは。でも、そうやって、いっちゃん（正田樹）も知らないくらいだから、このトライアウトを受けていろんな人にも３６０。モンキーズを知ってほしいという思いもあったからね。

正田　そうなんですね。でも最初それを聞いたときは正直……これそうさん、根に持たないでくださいね（笑）。

そうすけ　大丈夫だよ（笑）。

正田　いろいろ考えましたよ。いよいよ、自分がそういうところで野球をやるのかっていいう感覚がありました。今でこそプレーの環境を与えていただいてありがたいという感謝の思いでいっぱいですけれど、独立リーグ自体に抵抗がある時期もあったわけです。そんな中で、そうさんが来るってきいたときは、ちょっと言い方は悪いかもしれないですけど、芸人さんがプレーするような場所で僕はプレーをするんだな、と。

そうすけ　いやそれはそうだよね。いっちゃんくらい実績がある人、NPBのドラフト1位で、新人王を獲っているような人はポジティブな感情にはならないだろうな、とは思っていたよ。「なんで獲ったんですか?」って球団に聞くような感じだった?

正田　いや、そういうことは思いませんよ。実際、会ってみないと分からないですから。

そうすけ　そっかー。でもね、オレはいっちゃんを見てて、やっぱりすごいなと思ったの。ルーティンがしっかりしていて、球場に入ってから試合までの順番が完璧。替えのユニフォームを何枚かきれいに並べて、タオルを並べて、飲むものも一緒で……スタイルが確立されているんだなあって感心というか、すげえなって思って見ていた。これは下手すると何を食べるかまで決まっているぞって。

正田　確かに、前に投げたときは何食べたかな、とかはありますね。ゲンは担ぎます。ただ、こだわりだしたらきりがないんでそのくらいですけど。

そうすけ　絶対パンツも一緒でしょ。

正田　それはないです（笑）。でも、実際に一緒に1シーズンを過ごして、「そうさん本気なんだ」って思いましたよ。ちゃんとそこは伝わりました。

そうすけ　本当に？

正田　はい。最初は「大丈夫かな」って思っていたんですけど、ちゃんと練習をしていたじゃないですか。若い選手と同じメニューをするってやっぱり大変ですよ。でもそれをしっかりやった上で、何より結果を出した。それは僕にも伝わったし、ほかの選手にも伝わったと思います。背中で見せたんじゃないかと思います。

そうすけ　そう言ってもらえると本当にうれしい。でも「大丈夫かな」って最初に思っていたというのはネガティブに感じていたってことだよね？　オレ、ほかの選手にも後で言われたの。「最初は、芸人さんが遊び半分で来るんだろうと思って嫌だった」って。自分自身は、トライアウトを受けるって決めたときも、入団が決まったあとも、ただ夢をかなえたい、自分を変えたいっていう一心だったから、そういう若い選手の気持ちにまで考えが及ばなくて。それを聞いたときは、ああそう考える人もいるよな、申し訳なかったな、と思ったんだけど。

正田　なるほどね。僕は最初に言ったようにいろいろ考えるところはありましたけど、実際一緒にやってみないとわからないとは思っていたんで。でも、思い返してみればそうさんの性格とかが全然分かっていなかった最初のほうは「ふざけてるのかな」って思ったこともあったかな（笑）。というより、「大丈夫かな？」と思ったことがあった。

そうすけ　どんな？

正田　覚えているのは、僕がグラウンド内で投内連係の練習をしていて、そうさんがグラウンド横でノックを受けていたときですかね。ノックをしているそうさんがやたら騒がしくて。「よっしゃー」とか「うわーエラーしちゃったよ」とか言っていたと思うんですけど、なんかその言葉が軽く感じたんですよね。はたから見ていて「これ監督に怒られないかな、大丈夫かな？」って思いましたね。そのあと、長い時間一緒に過ごすことでそれがキャラクターなんだってことが分かったんですけど。でもそういうのも少しずつ減っていきましたよね？

そうすけ　最初はどんなテンションで入っていっていいか分からなかったから、そういうことがあったかも。つい場を盛り上げようとしちゃうし。試合もベンチでずっと騒いでいたから、良かれと思ってやってはいたけど、大丈夫だったかな……。

正田　僕はあまりベンチにいることがないんでちょっとそこは分からないんですけど。しょうがないところもあると思うんですよ。キャラクター的な部分や、初めての世界だったわけですから。実際、結果を出したわけですし、さっき言ったみたいに練習は本当にちゃんと取り組んでいたから、僕の中ではすぐに解消されましたからね。

そうすけ　そう思ってくれているといいけどなあ。

正田　僕がそうさんのことでよく覚えているのは、ヤンさん（陽建福）のことかな。台湾からヤンさんが入団することになって初めて来た日。みんなからすればだいぶ年上で、まあ、そうさんからみたら年下ですけど（笑）、実績がある人。しかも日本語が話せず通訳もいないから、誰も話し掛けることができなかったんですよね。ぽつんとしているところに、そうさんが話し掛けに行った。あれって本当にうれしいんですよ。僕、メジャーに挑戦したとき、言葉が分からないから誰も話し掛けてくれなくて、野球をプレーする以前のストレスがすごかった。話し掛けてくれるのって本当にうれしいんです。あれを見て「ああ、すごいなあ」って思った。優しいんでしょうね。

そうすけ　見ていてくれたんだ。あのときのことはすごく覚えていて。ヤンちゃんがひとりで横断幕をフェンスに貼り付けていて寂しそうだったから、全然言葉は分からないんだけど、自分を指差して「そうすけ、そうすけ」って自己紹介をしていた（笑）。
正田　うれしかったと思いますよ、ヤンさん。その後、キャッチボールとかずっとしていましたもんね。
そうすけ　ヤンちゃんの存在は大きかった。よくアドバイスをしてくれていたんだけど、年齢が近いこともあってすごく役に立った。体の使い方とかは特にね。一生懸命、身振り手振りで教えてくれるの。ありがたかったなあ。
正田　ああいうところがそうさんのいい所だと思いますね。あ、あとオープン戦かなんかで完全試合リレーしませんでした？　僕が先発でそうさんが次？
そうすけ　あった！　3月にやったオープン戦ね。オレは三番手だったかな。めちゃくちゃ緊張したよ。初めて投げる試合だったのよ。いきなり完全試合のままでくるんだもん。
正田　ははは。でもちゃんとそのリレーつなぎましたもんね。やっぱりすごいですよ。よく1シーズンやられたと思います。
そうすけ　ありがたいね、いっちゃんの言葉は。でも実際さ、独立リーグのレベルってどうなの？　NPBとは全然違う？
正田　それ本当によく聞かれるんですよね。でも僕、NPBでも台湾でもメジャーでも独立リーグでも、レベルの差というものを感じたことがないんです。

そうすけ え？　どういうこと？　レベルは一緒ということ？

正田 これはちょっとほかの人と感覚が違うのかもしれないので、あくまで僕の考えなんですけど、感覚としてはそうです。結局、どこに行っても真剣勝負の場じゃないですか。真剣勝負の中で、いわゆる上のレベルだと思われているNPBで抑えた経験もしたし、逆に思われている独立リーグで打たれたこともある。いろいろな経験をしてきたから、そこにレベルの差があるって感じたことがないんです。マウンドでは目の前のバッターと勝負するだけですからね。本当に分からないんですよ、差というのは。

そうすけ なるほどね。こういう感性がいっちゃんがここまでできる理由なのかもしれないね。でもやっぱり環境とかいろんな面でNPBとは違うでしょう？

正田 当然、それはありますけどね。だから言い方に語弊があるかもしれないですけど、独立リーグを目指す、っていうそうさんのような感覚はないです。やっぱりNPBでも海外でももう一度行きたいと思っていますから。理由は、レベルが高いところでやりたいから、ではあるんですけど、やっぱりレベルだけでなく、環境もそうですかね。

そうすけ 待遇面とか、ステータスとかを含めた部分？

正田　言ってみればそうかもしれないですね。基本的に僕は独立リーグの環境面に不満を感じることはないですが、プレーヤーとしてより上を目指すのは普通のことかと思いますので。

そうすけ　そうなんだよね。いっちゃんはそこがすごいというか不思議なところ。NPBであれだけやってきたのに、この大変な独立リーグでやる不平不満みたいなものを聞いたことがない。オレなんて、何も成し遂げてないのに、ついつい愚痴がこぼれちゃうこともあったのに、いっちゃんからは一回も聞いたことがないんだよね。

正田　マイナーや台湾を含めてもっと大変な環境でやっていたってことは影響しているかもしれませんね。独立リーグの環境は恵まれていますよ。それに満足しろ、とは思わないですけど、不満を言ったりするのは違うと思いますね。たまにそういうことを言う若い選手がいるって聞きますけど、ちょっと残念だな、とは思います。

そうすけ　オレは実際に四国アイランドリーグでプレーさせてもらって想像とは全然ちがったの。やっぱりお金をもらってプレーする「プロ」だってイメージがあったから華やかな世界かなと思っていた。でも、実際はそんなことなくて、ビラを配ったり、駅の掃除をしたり、試合前だってスポンサーフラッグを全員でフェンスに貼っていって、試合中のグラウンド整備もする。こんなこともするんだ、って思ったことも正直にある。でも、それが独立リーグなんだよね。いっちゃんがそういう姿勢でいることは、すごく勉強になった。

正田　そういう意味ではそうさんは独立リーグのひとつの魅力を伝えたと思いますよ。こうやってここを目指してくれて、実際に結果を出す、という。

そうすけ　でもね、ちょっと心配なこともあって。今回ドラフトで愛媛からは誰も指名されなかったでしょ。グランドチャンピオンシップで優勝した群馬からも誰もＮＰＢに行けなかった。優勝したからＮＰＢに行けるわけじゃないっていうことが悪循環にならないかなって……。

正田　それが独立リーグのリアルですよね。

そうすけ　そう。だからね、ちょっと嫌な質問かもしれないんだけど聞きたいことがあって、いっちゃんはＮＰＢでも独立リーグでも優勝を経験しているけど、うれしさに差はあるのかな？

正田　難しいですね、それ……。

そうすけ　結局ね、オレみたいなのは例外で、独立リーグには「ＮＰＢに行きたい」っていう熱い思いを持っている人が全員だと思うのよ。その中で、勝ってもＮＰＢにいけないなら自分の結果だけ追求しちゃえばいい、って思う人がいてもおかしくない。でも、自分としては野球の魅力っていうのは、勝利を目指してやっている人たちがいるからだと思うんだよね。それを感じることが楽しくて、だからこそお客さんも見に来てくれるんだって。今の状況だと、そういう勝利へのモチベーションが高められない選手が出てくるんじゃないかって不安がある。

正田　今回、愛媛に指名がなかったのは、やっぱり寂しいですよね。質問の答えで言えば、自分の成績が出たときが一番うれしいというか、達成感はありますよね。でも、アスリートとしての達成感はどちらが優勝でも変わらないです。例えば、NPBで年俸が1億円の選手と1000万円の選手がいて、1000万円の選手が活躍して優勝したとしたら、その選手の達成感はあるでしょうし、高い年俸をもらっている選手は働けなかった悔しさがあると思う。それはどのレベルでも一緒じゃないかなと思います。

そうすけ　なるほどね。

正田　だから一番いいのは自分が結果を出して優勝することなんですけど、単純にNPBはビールかけも派手だし、メディアにも大々的に取り上げられる。そこに独立リーグとの差はあるけれど、でも優勝自体の価値も気持ちも僕に変わりはないかな。優勝というより、自分の成績をしっかり残して優勝に絡む、貢献していく。それを目指している感覚です。今の独立リーグで言えば、その先にＮＰＢに行ける――それがついてくればいいな、と思うんですけどね。いい選手はいっぱいいるし。

そうすけ　いっちゃんは変わらずレベルを意識しないんだよね。

正田　スタンスは変わらないですよ。それは間違いないです。

そうすけ　話を聞いていて、つくづくオレはベストのチームに行けたんだな、って思うよ。愛媛マンダリンパイレーツに来られて良かった。四国アイランドリーグの中で、日本人選手で考えると一番歳が近いのもいっちゃんだったしね。

正田　そうですよね、考えてみれば。

そうすけ　いっちゃんは野球が大好きなんだよね、結局。

正田　そうかもしれないですね。

そうすけ　逆の立場だったらできないなって思うよ。甲子園で優勝して、ドラフト1位になって、新人王を獲って、海外もいって、独立リーグも経験する。ＢＣリーグもあわせて4年でしょう。オレは1年やっただけだけど、体は本当にきつくてさ（笑）。

正田　ははは。でものすごく体力ついてきていましたよね。

そうすけ　でもさ、これを毎年やっているわけでしょう。現役として17年。17年同じチームでずっとやってるわけじゃないんだよ。環境が違うところで17年っていうのはストレスとかもすごいと思うし、本当に野球が好きじゃなかったらできないなって思って。たぶんものすごく好きなんだと思う、野球が。オレも好きだけど、正直に言って苦しいことをするのは嫌じゃん。逃げ出したくもなる。ふつうはそうだと思うのよ。それをずっとやっているから尊敬する。

正田　褒められると気持ち悪いですね（笑）。

そうすけ　いや、野球に対してのこだわりとかもすごいから、引退したときにはぜひ草野球チームに勧誘したい。

正田　ははは。軟式でしたっけ。中学以来、軟式ボールを投げてないですから無理です（笑）。

そうすけ　そこを何とかお願いします！

正田　でも僕もそうさんから学んだことがあります。今回の挑戦は、絶対に同じ40代の人の活力や励みにもなったと思う。実際、その頑張りって愛媛のファンの人もみんな分かってくれていたじゃないですか。そうさんが来た最初と最後ではファンの反応も絶対に違ったと思うんです。僕自身、そうさんと一緒にやらせてもらって、頑張ったら頑張ったぶんだけ結果が出るんだ、っていうことを再確認させてもらいました。一緒にやれて良かった。それは今回のチームのみんなが思っているんじゃないですかね。

そうすけ　ありがたいねえ。

正田　もう、辞めちゃうんですよね。

そうすけ　そうだね。

正田　これからは、そうさんがテレビで活躍している姿を見たいですね。それを見て僕も頑張ろうってなるでしょうし。

そうすけ　これまでテレビで見てないからね。

正田　やっぱり、根に持ってる！

そうすけ　はははは。

正田　今度からはちゃんとチェックします（笑）。

そうすけ　いっちゃんがＮＰＢのグラウンドで、オレがテレビに出て共演できたらいいよね。

正田　現場で会えたら最高ですね。

そうすけ　来年36でしょう？　サブロクの歳ってことでね……。

正田　うわ、ほんとだ。それ考えてきたんですか？

そうすけ　偶然だよ（笑）。オレのこと面白くない人だとおもってない（笑）？

正田　いやいやいや、面白いですよ。僕ね、笑いが浅いんですよ。なんでも笑っちゃうんです。

そうすけ　なんでも笑っちゃうって。それ面白いとかもう関係ないじゃん（笑）！

正田　いやいや本当に面白かったです。さすが芸人さんですよ。人を楽しませるのがうまかったですから。

そうすけ　最後にさ、オレがもっといいピッチャーになるアドバイスはない？

正田　今からですか？　どんだけ野球するつもりですか（笑）。

そうすけ　草野球でも生かせるかなって思って（笑）。

正田　なんだろうな……（笑）。やっぱり練習は続けないとダメですよね。

そうすけ　裏切らないからね。

正田　「ワールドウィング」はちょっとショックでしたけど。

そうすけ　はははは

正田　うわ、辞めたよって。

そうすけ　めちゃくちゃきつかったのよ、シーズン中に行くの。試合があると家に帰る時間が遅いでしょう。深夜1時とかもあって。みんなは試合前の午前中に行くんだけど、オレもうそこまで体力が持たなくて。キャンプのときは行けたけどシーズン中は無理だった。それでお金も厳しかったから辞めちゃった。

正田　冗談です。でも、本当にお疲れさまでした。

そうすけ　ありがとう。お互い頑張ろうね。

PROFILE

そうすけ

360° モンキーズ

1976年2月8日生まれ。東京都八丈島出身。お笑いコンビ360° モンキーズのツッコミ担当。1997年に山内崇と360° モンキーズを結成。テレビ番組『とんねるずのみなさんのおかげでした』(CX系)の「博士と助手 ～細かすぎて伝わらないモノマネ選手権～」で「イースラー」のモノマネでブレイク。2015年10月に四国アイランドリーグのトライアウトリーグ受験を発表。合格し、愛媛マンダリンパイレーツに入団。2016年シーズンをピッチャーとしてプレー、チームの前期日程、後期日程、ソフトバンク杯、チャンピオンシップ優勝と四冠に貢献した。通算成績は9試合に登板0勝0敗。防御率1.98。

［オフィシャルブログ］http://ameblo.jp/360monkeys/
［ツイッター］@sugiurasousuke

最速《さいそく》123キロ、僕《ぼく》は40歳《さい》で
プロ野球選手《やきゅうせんしゅ》に挑戦《ちょうせん》した

2017年2月5日　初版第1刷発行

著者　そうすけ（360°《さぶろく》モンキーズ）
構成　BEST T!MES編集部
協力　太田プロダクション
愛媛マンダリンパイレーツ
写真　西尾和生・花井智子・秦昌文
装丁　華本達哉（aozora.tv）

発行者　栗原武夫
発行所　KKベストセラーズ
〒170-8457　東京都豊島区南大塚二丁目二十九番七号
電話　03-5976-9121（代表）
印刷所　錦明印刷
製本所　ナショナル製本
DTP　三協美術

ISBN978-4-584-13771-0　C0075